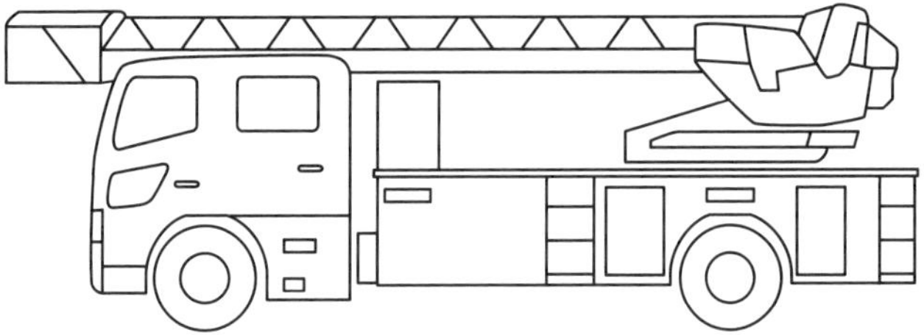

はたらく車の刺しゅう

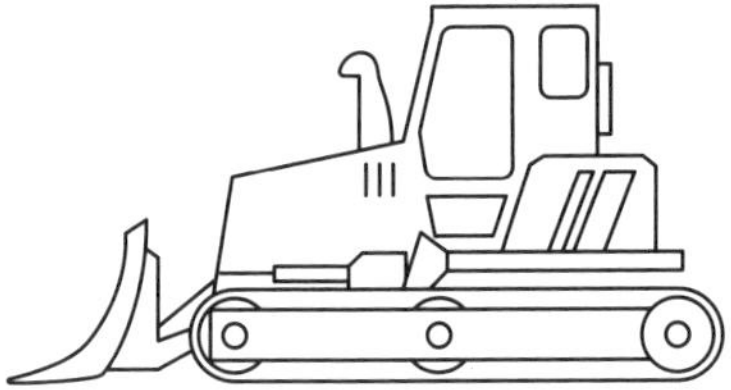

ささきみえこ

誠文堂新光社

はたらく車の
刺しゅう

ささきみえこ

7つのステッチでつくる

頼れるくるまの図案集

誠文堂新光社

Contents

目次

●印刷物のため、現物と色が異なる場合があります。ご了承ください。
●刺しゅう糸や道具の表示内容は2021年11月のものです。

この本の表紙に横向きのおまけの図案を収録しました。合わせてご利用ください。

はじめに

今回、「はたらく車」の刺しゅう本を手がけるにあたり、今はもう大きくなってしまった息子たちの小さい頃を思い出しながら、懐かしくも楽しく刺しゅうすることができました。

ごみ収集車やパトカー、消防車といったスーパーアイドル級の車をはじめ、ちょっとマイナーな車両や、私の故郷、北海道ではおなじみの除雪車など、特定のエリアでしか見かけない特殊な車も入った、楽しめる内容になったと思っています。ワンポイントで刺しゅうするのもいいですし、たくさんの車を集めて刺しゅうしたり、図案を拡大して大きく刺しゅうするのも迫力があっておすすめです。

この本の図案は、実際の車両を図案にしていることが特徴です。車好きの子どもたちはもちろん、かつて車好きだった大人を唸らせるような図案も入っていますので、ご家族でお気に入りの車を見つけていただけるとうれしいです。

ささきみえこ

サイレンカー

救急車やパトカーなど、
緊急時に出動する車。
周りに注意を呼びかけるために、
大きなサイレン音を鳴らして走ります。

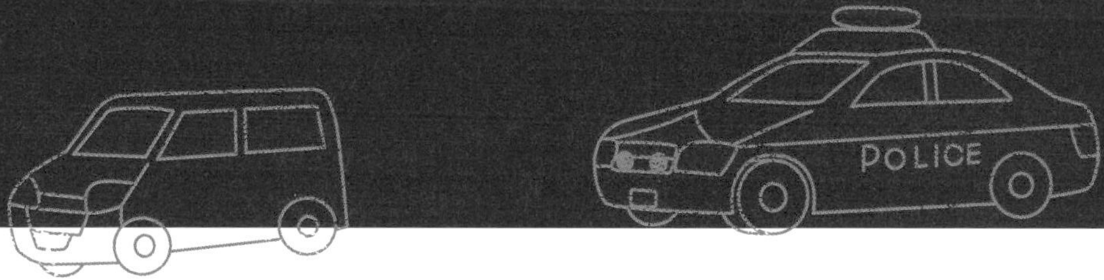

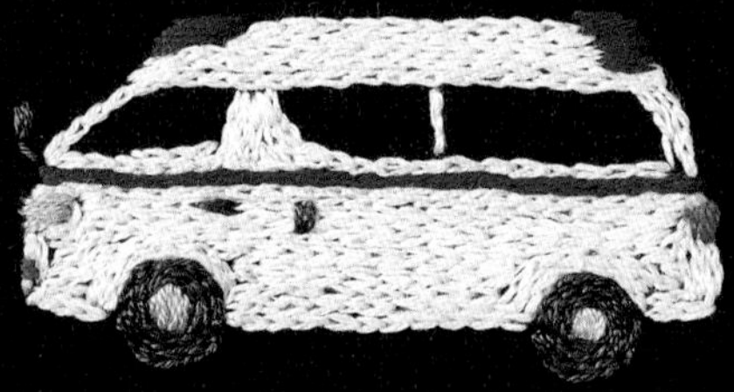

01

救急車

きゅうきゅうしゃ

図案 p.60

119番通報があると24時間いつでも出動し、みんなの命を守ります。車体が白いので、濃い色の布に刺すのがおすすめ。車体の隙間から布地が見えないよう密に刺すのがポイントです。

02

警らパトカー

けいらぱとかー

図案 p.62

警察官が乗車して街をパトロール。犯罪や交通事故などの緊急時にはサイレンを鳴らしてかけつけます。「POLICE」の文字は、黒い糸で刺しゅうした面の上から刺して。

POLICE

03

救助車《きゅうじょしゃ》

図案 p.61

救助に必要な機械や道具を積み、火事や事故の現場でケガをした人やとじ込められた人を助ける車。車体の白いラインが曲がらないよう、布をしっかり張って刺しゅうしてください。

04

スーパーアンビュランス

すーぱーあんびゅらんす

図案 p.64

災害などで、たくさんのケガ人が出たときなどに出動する大型救急車。後ろの箱型部分は、チェーンステッチでしっかり面を埋めましょう。

05

消防ポンプ車

しょうぼうぽんぷしゃ

図案 p.65

ポンプで消火栓や川などから水をくみ上げ、ホースで放水して火を消す消防車両。後ろの箱型部分の上下のラインが平行になるように気をつけると、きれいな長方形に仕上がります。

06

はしご車

はしごしゃ

図案 p.66

高い建物で火事が起こったときに出動し、高いところの消火や、取り残された人を助ける車。はしご部分のラインが曲がらないよう、まっすぐ刺すのがポイントです。

Working Car

街で
はたらく車

郵便車やゴミ収集車、
路線バスなど街でよく見かける車たち。
ふだんあまり見かけない車も、
実はみんなの生活に密着しています。

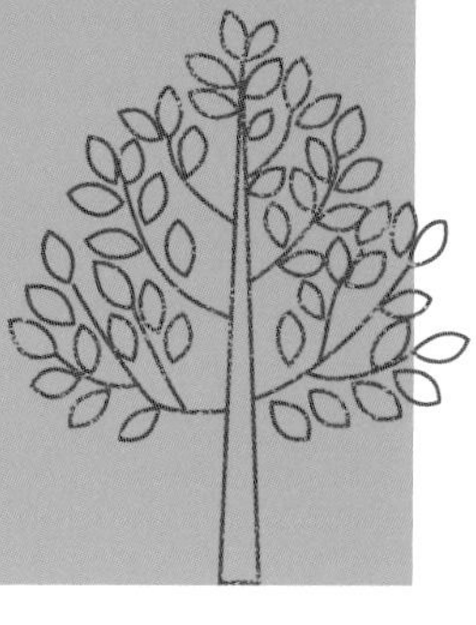

07

路線バス

ろせんばす

図案 p.67

毎日決まった道を決まった時間に走り、通勤・通学や買い物などで多くの人が利用します。窓やドアは枠をアウトラインステッチにして抜け感を出しましょう。

08

幼稚園バス

ようちえんばす

図案 p.68

幼稚園に通う子どもたちを乗せて、街と幼稚園をつなぐスクールバス。車体の運転席側と客席側は、チェーンステッチの方向を変えて刺すと立体的に見えます。

09

タクシー

たくしー

図案 p.69

必要なときに乗れて、移動距離に応じた料金を支払う車です。車体の色やデザインはさまざまなので、糸の色を変えればアレンジが楽しめます。

10

大型トラック

おおがたとらっく

図案 p.70

生活に必要な荷物を各地に運ぶ大きな車。アウトラインステッチで刺しゅうした箱型の荷台部分は、直線が曲がらないように図案と合わせながら刺しましょう。

11

小型トラック

こがたとらっく

図案 p.71

せまい場所へ荷物を運ぶときに便利な小型車。大型トラックに比べて車体の面積が少ないので、好きな色を使ってサテンステッチで刺すのもおすすめです。

12

レッカー車

れっかーしゃ

図案 p.72

事故や故障で動かなくなった車を、移動させたり、救援する車。先に運転席、荷台、タイヤを刺し、全体のバランスを決めてから荷台の上の細かいパーツを刺しましょう。

協力：JAF

13

郵便車

ゆうびんしゃ

図案 p.73

郵便ポストの手紙やハガキなどの郵便物を回収、また荷物の配達もおこないます。側面のサテンステッチは、幅が広く歪みやすいので、2段に分けて刺しましょう。

ハンカチ

無地はもちろん、ギンガムチェックや
ストライプのハンカチにも映える
郵便車とタクシーの刺しゅう。
細かい模様の布でも
面を埋めるサテンステッチなら
存在感が出ます。

14

コンクリートミキサー車

こんくりーとみきさーしゃ

図案 p.74

コンクリート工場で作られた生コンを、工事現場まで運びます。車体とタイヤを先に刺しゅうして、全体のバランスを決めましょう。

15

タンクローリー

たんくろーりー

図案 p.75

丸くて頑丈なタンクの中に、ガソリンや石油、薬品などの液体を入れて運ぶ車。糸とステッチを細かく使い分けることで、重厚な雰囲気に仕上がります。

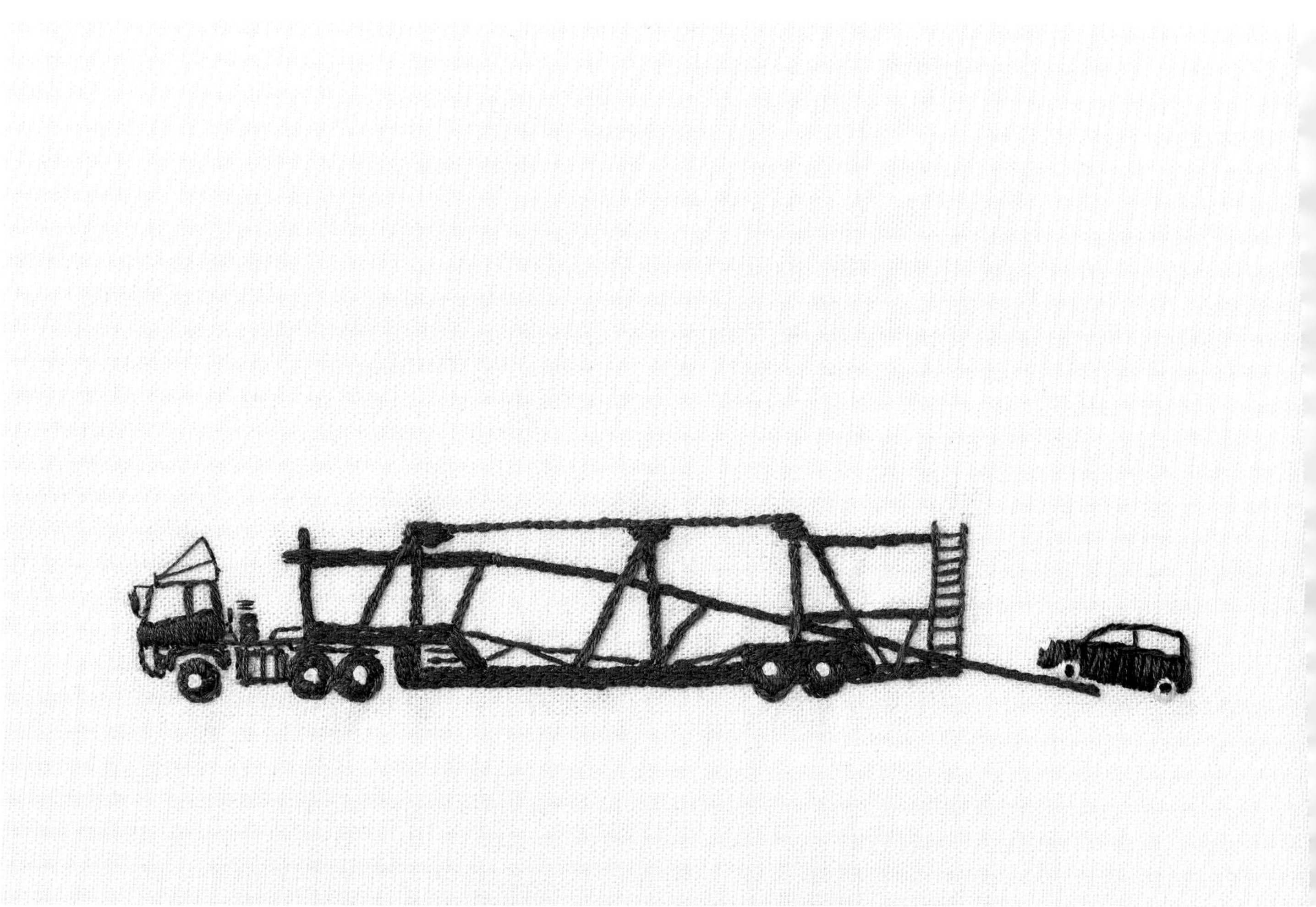

16

キャリアカー

きゃりあかー

図案 p.76

何台もの車を積んだ荷台を引っ張る大きなトラック。大型タイプなら6～8台運ぶことができます。長い直線が曲がらないように、図案を重ねながら刺しましょう。

17

ゴミ収集車

ごみしゅうしゅうしゃ

図案 p.78

街の集積所を回ってゴミを回収し、清掃工場まで運ぶ車。後ろの車体部分とゴミを入れるテールゲートは、チェーンステッチの向きを変えることで立体感が出ます。

18

路面清掃車

ろめんせいそうしゃ

図案 p.80

車の少ない夜間に出動し、車体の下についた大きなブラシで道路を掃除します。糸1色でも、アウトラインステッチの太さで強弱をつけると、仕上がりに動きが出ます。

19

高所作業車

こうしょさぎょうしゃ

図案 p.81

電線の点検や切れた電柱の修理、ビルの清掃など、高い場所で作業をする、別名リフト車。長く伸びるブーム部分は、直線が曲がらないよう特に丁寧に刺しましょう。

20

標識車

ひょうしきしゃ

図案 p.82

道路の情報をほかの車に知らせ、事故を防ぐ車です。作業員や紅白のラインなどの細かい部分の刺しゅうは慎重に。車を後ろから見た遠近感のある図案なので、正確に写しましょう。

協力：名古屋電機工業株式会社

21

道路パトロールカー

どうろぱとろーるかー

図案 p.83

道路に落ちた大きなゴミや危険な落下物を回収したり、事故が起きたときに交通規制や交通整理をおこないます。車体の黄色い部分は、サテンステッチが難しければ２本取りのチェーンステッチでトライしてみて。

22

フォークリフト

ふぉーくりふと

図案 p.84

おもに工場や倉庫、市場などで重たい荷物を運びます。タイヤの側面とトレッドの色を変えることで厚みを表現しました。段ボールや作業員などを近くに一緒に刺すと、ストーリーのある仕上がりになります。

23

除雪車

じょせつしゃ

図案 p.85

人や車が通れるように、夜のうちに道路に積もった雪をどかしてくれる車です。特徴的な大きなショベルは、内側に色のグラデーションをつけることで湾曲した形を表現しています。

24

散水車

さんすいしゃ

図案 p.86

水の入った大きなタンクを積み、道路に水をまいてきれいにしたり、木に水をあげたりします。メインは1色のアウトラインステッチですが、ホースの色を変えることでアクセントをつけています。

Working Car

工事現場で
はたらく車

ダンプカーやショベルカー、
クレーン車など工事現場で活躍する車。
注意喚起のため、
黄色い車体が多いのも特徴です。

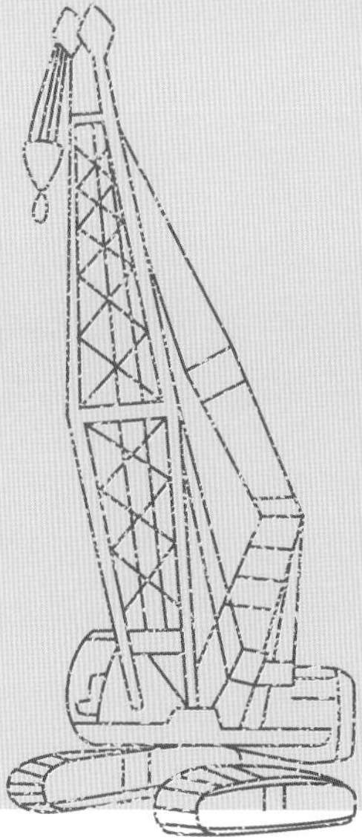

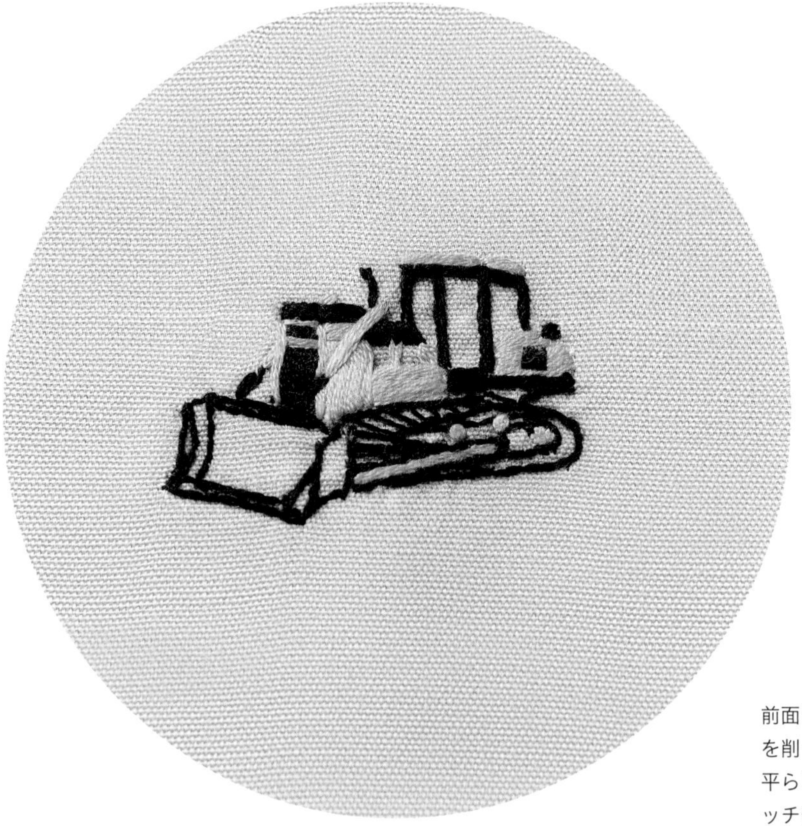

25

ブルドーザー

ぶるどーざー

図案 p.87

前面にある大きなブレードで、土を削ったり、土砂を押して地面を平らにします。アウトラインステッチ部分は、細かい針目で刺すとよりきれいに仕上がります。

巾着袋

無地のシンプルな巾着袋に
刺しゅうをして、
お弁当を入れたり、
小物入れにしたり。
バッグから出すたびに
楽しい気分になります。

26

ホイールローダー

ほいーるろーだー

図案 p.88

土砂やさい石などをバケットですくって運び、ダンプカーの荷台に積む土木車両。最初にバケットとタイヤを刺すと、全体のバランスがとりやすくなります。

27

ショベルカー

しょべるかー

図案 p.89

車体の上部が360度回転し、せまい場所でも向きを変えながら土砂を掘ったり削ったりできる工事車両。バケットの内側に濃い色の糸を使うと、奥行きを表現できます。

エコバッグ

黒1色で、ショベルカーを
刺しゅうすると
影のようなシックな仕上がりに。
毎日使う大人の持ち物にもぴったり。

28

双腕重機

そうわんじゅうき

図案 p.90

２本のアームをもつショベルカーの仲間。右で物をつかみ、左で物を切るなど、腕が別々に動き２つの作業が1台でおこなえます。アームの曲線を正確に刺すと躍動感が出ます。

29

ダンプカー

だんぷかー

図案 p.91

荷台を斜めに持ち上げて、荷物や土砂などを一度に下ろすことができるトラック。荷台は、糸の色やステッチを変えることで、立体感のある動きが表現できます。

30

リジッドダンプトラック

りじっどだんぷとらっく

図案 p.92

おもに鉱山やダムなどの危険な工事現場で、土砂や石などの積み下ろしで活躍する大型で頑丈なトラック。手すりやはしごなどの細かい部分に黒の糸でラインを入れるとアクセントになります。

31

クレーン車

くれーんしゃ

図案 p.93

長いブームの先についたフックに荷物や機械、鉄骨などを引っかけ、高いところまで運びます。直線が多いので、図案と合わせながら曲がらないように刺しましょう。

32

マカダムローラー

まかだむろーらー

図案 p.94

コンクリートやアスファルトの地面を押し固めるために道路工事などで使われる車。大きな鉄のローラー部分をサテンステッチとチェーンステッチで刺し分けることで、重量感を表現しています。

33

ロードローラー

ろーどろーらー

図案 p.95

道路工事の現場などで、地面を平らにするときの仕上げに活躍します。アウトラインステッチで黒い輪郭をつけると、細かいパーツ部分をきれいに再現できます。

材料と道具

刺しゅうを始める前に揃えて
おきたい材料と道具を紹介します。

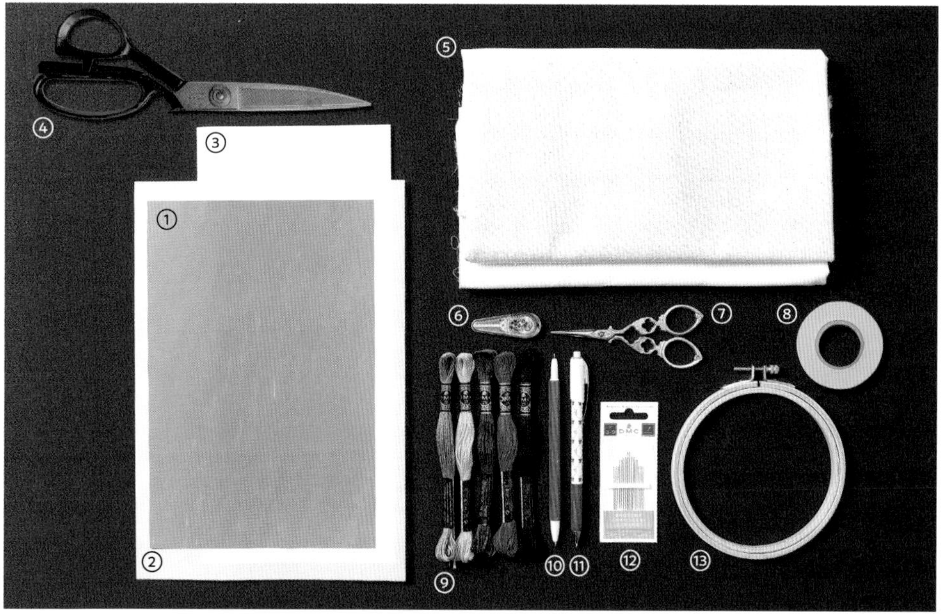

① チャコペーパー
図案を布に写すとき、布と図案の間に入れて使います。

② トレーシングペーパー
図案を写しとるときに使います。

③ セロファン
図案を布に写すとき、図案が破れないように図案の上にのせて使います。

④ 裁ちバサミ
布を切るときに使います。

⑤ 布（リネン）
刺しゅうを刺す布。本書では図案が写しやすい色（白、生成、紺）のリネンを使用しています。

⑥ 糸通し（p.54 参照）
刺しゅう糸を針に通すときに使います。

⑦ 糸切りバサミ
刺しゅう糸を切るときに使います。

⑧ マスキングテープ
図案を写すとき、セロファンがずれないようとめるために使います。

⑨ 刺しゅう糸
刺しゅう用の糸。本書ではDMCの25番刺しゅう糸を使用しています。

⑩ トレースペン
図案の上からなぞり、布に図案を写すときに使います。ボールペンでも代用できます。

⑪ シャープペンシル型チャコペン
トレースした図案の修正や線の補足に。細かい線がきれいに描けます。

⑫ 刺しゅう針
刺しゅうを刺す針。本書ではDMCの7番（2～3本取り）、DMCの8番（1～2本取り）を使用しています。

⑬ 刺しゅう枠
布をぴんと張るための枠。本書ではDMCの12.5cmを使用しています。

図案の写し方

布に図案（p.60 ～）を写し、
刺しゅうにかかるまでの工程を紹介します。

1

図案の上にトレーシングペーパーをのせ、ボールペンで写します。

2

刺しゅうをする布の上に、チャコペーパー、1 の順番で重ねます。

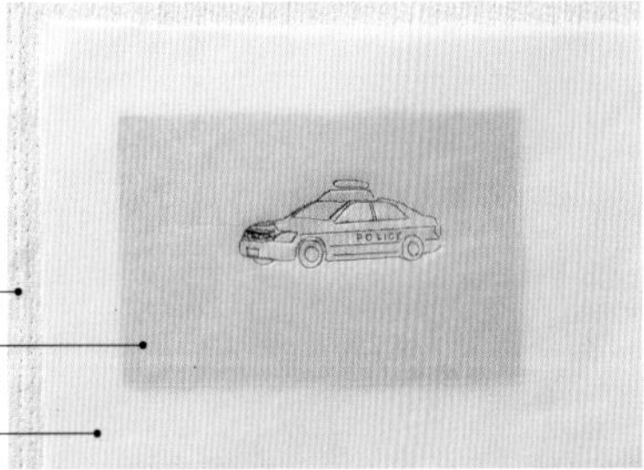

3

2の上にセロファンを重ね、ずれないようにマスキングテープで4箇所程度とめます。セロファンの上からトレースペンで図案をしっかりなぞります。

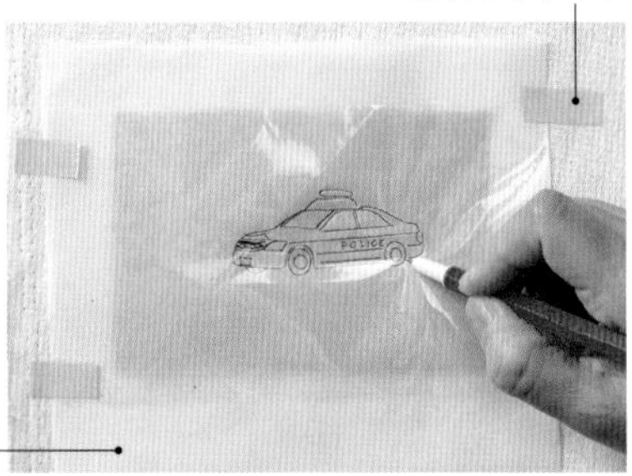

4

図案を写した布を刺しゅう枠にセットします。準備が整いました。

刺しゅう枠の使い方

内側の枠を布の下に入れ、布をぴんと張り、図案が刺しやすい位置にくるように調整します。外側の枠を布の上からはめ、ネジをしっかり締めます。

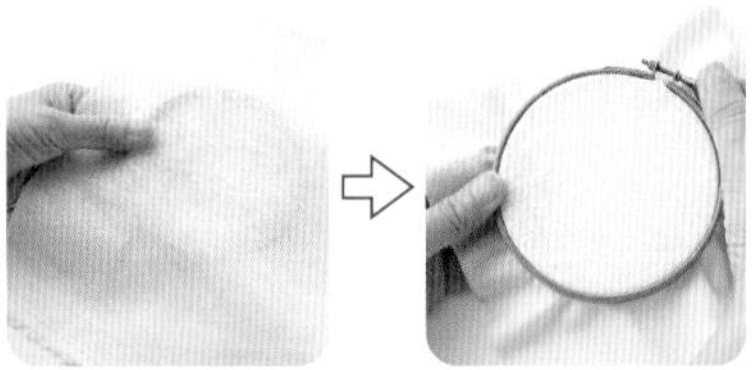

始める前の下準備

刺しゅうを始める前に、
知っておくと便利なことを紹介します。

● 刺しゅう糸の扱い方

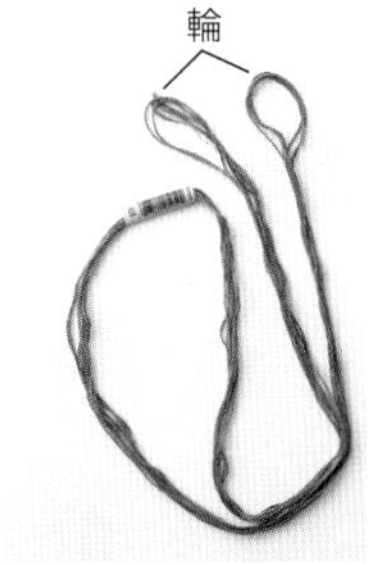

1
刺しゅう糸のカセをほどき、長い1本にし、端を合わせて2つ折りを3回繰り返し、8本の束にします。このとき、色番号の書かれたラベルと通しておきましょう。

2
糸の輪の部分をハサミで切り、1本ずつゆっくりと必要な本数を抜いて使います。

● 刺し始め

(サテンステッチ、チェーンステッチ)
※面を埋める場合

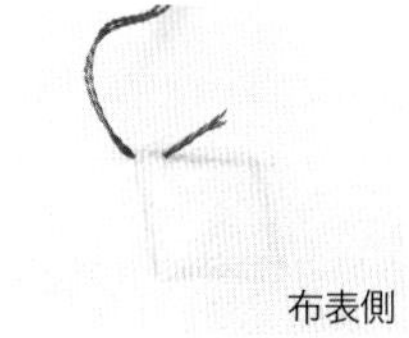

1
図案の線の上に針を刺し、5mmほど先から出して糸を引き、糸端を少し残します。

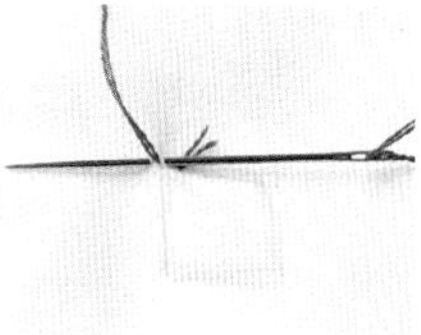

2
糸を出した位置の少し手前で返し縫いをします。

3
ここから刺しゅうを始めます。糸端は面に埋めて隠します（p.57サテンステッチ参照）。

● 刺し始め

(ストレートステッチ、アウトラインステッチ、バックステッチ、レイジーデイジーステッチ、フレンチノットステッチ)
※線の場合

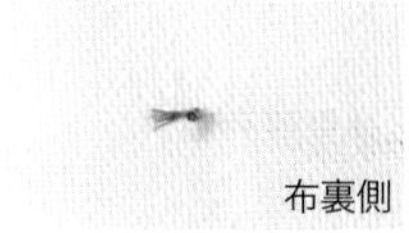

裏側に玉結びをして裏側から針を刺して刺し始めます。

● 刺し終わり

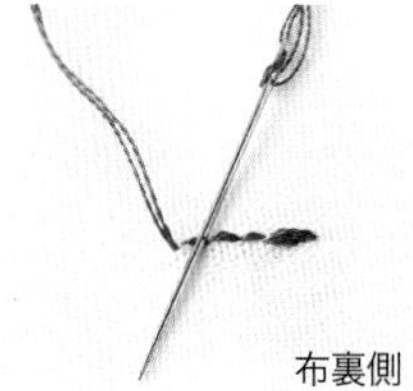

1
布を裏に返します。縫い目に糸を数回くぐらせてから糸を切ります。難しい場合は玉止めにしましょう。

※ステッチの途中で糸を替える場合もこのように近くの目に糸をくぐらせて刺し始めます。

糸通しの使い方

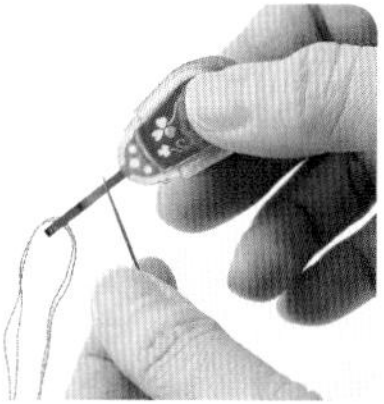

金具の先を針の穴に通し、上から糸を通します。

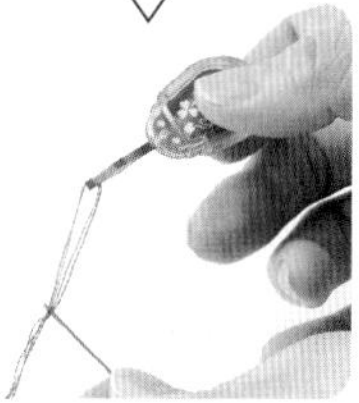

針を金具から引く抜くと糸が通ります。

※メーカーによって異なるので、説明書をご覧ください。

基本の7つのステッチ

本書で使用しているのは、 7つのステッチのみ。
基本のステッチをマスターして
お気に入りの刺しゅうに挑戦してみましょう。

Stitch 1

ストレートステッチ

直線のステッチ。 長さや向きを変えたり、
複数を組み合わせて使います。

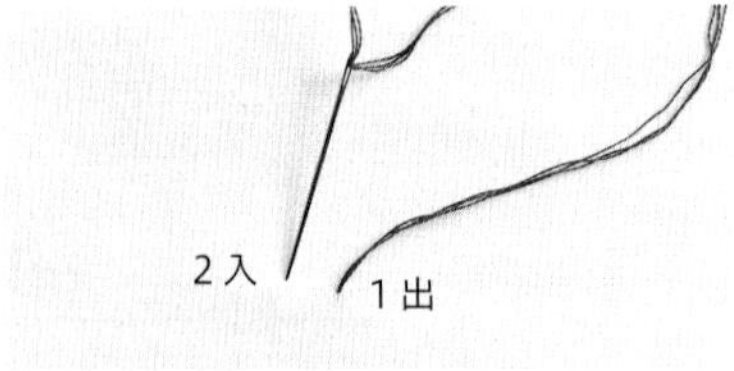

1

1から針を出し、2（刺したい長さ）に針を入れます。

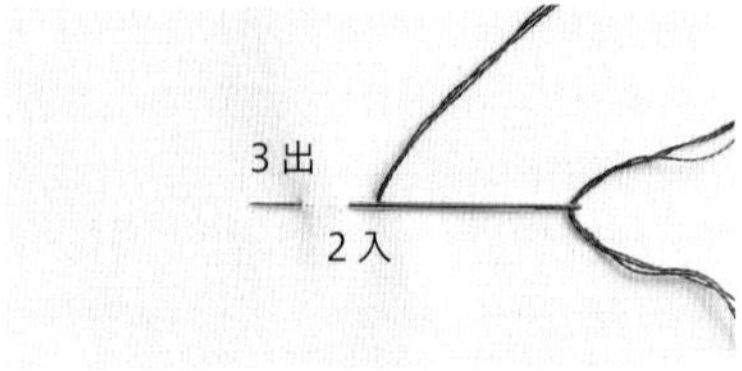

2

刺したい位置に針を出し、刺したい長さに針を入れる、を繰り返します。

Stitch 2

アウトラインステッチ

直線や曲線がきれいに刺せる、
使用頻度の高いステッチです。

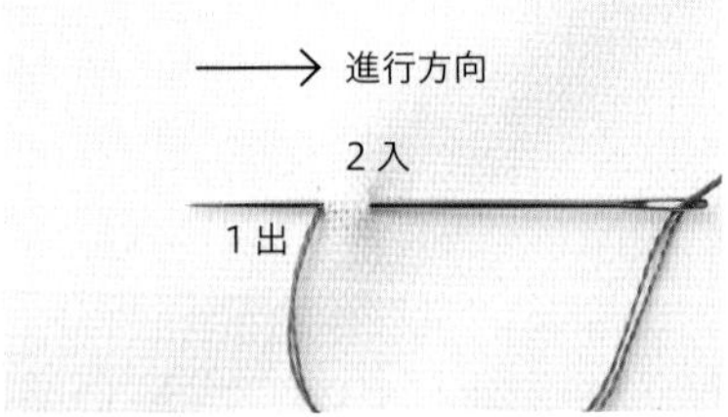

1

1から針を出し、進行方向に1目分進んだところ（2）に針を入れ、1に戻って針を出します。

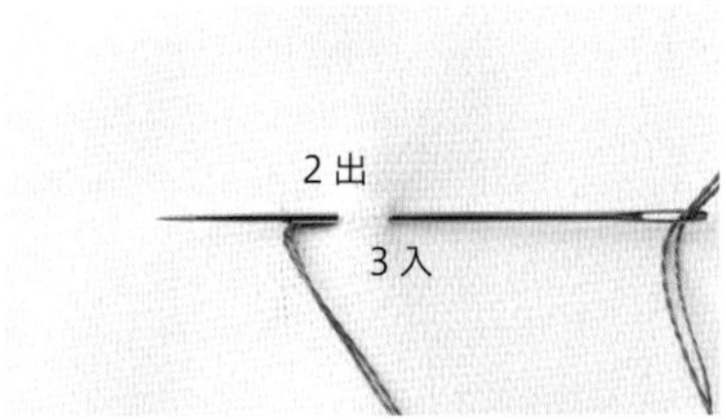

2

1目分進んだ3に針を入れ、2に戻って針を出します。

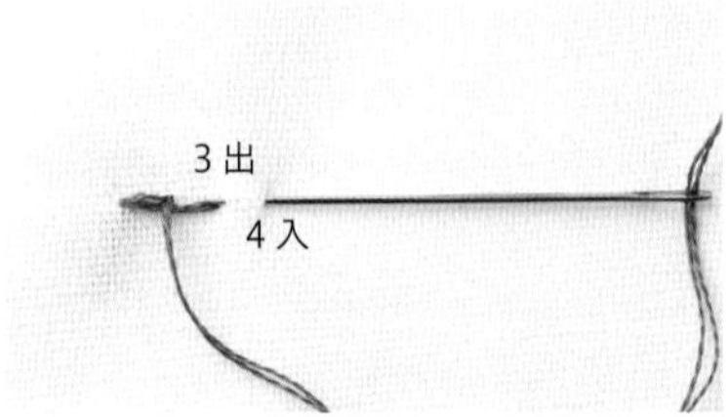

3

針を入れて出す、を繰り返します。

Stitch 3

バックステッチ

1目分戻った位置に針を入れ、
2目分先に針を出すを繰り返すステッチ。
直線に刺すときなどに使います。

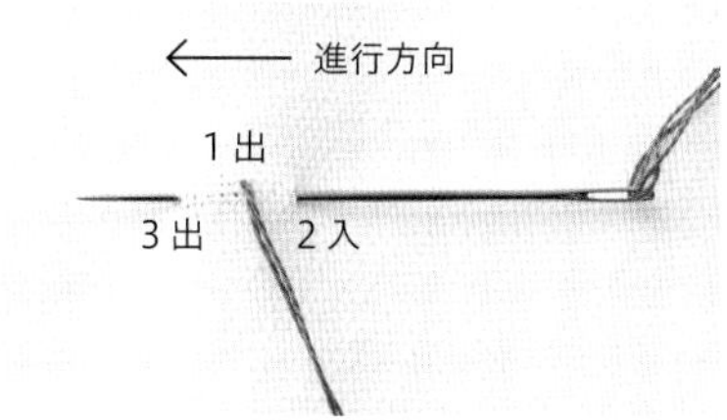

1

1から針を出し、1目分戻ったところ（2）に針を入れ、2目分先（3）に針を出します。

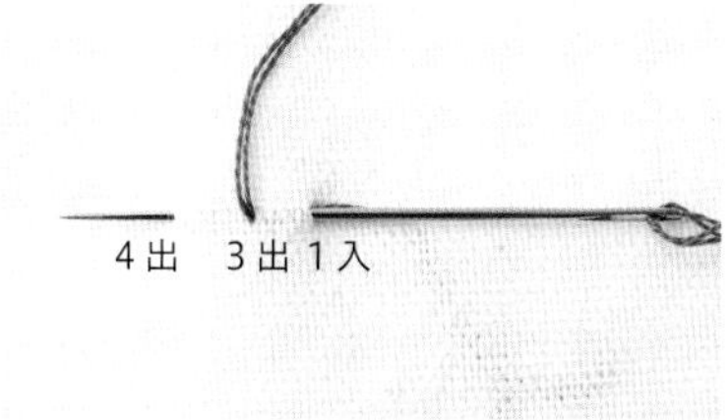

2

1目分戻ったところ（1）に針を入れ、2目分先（4）に針を出します。

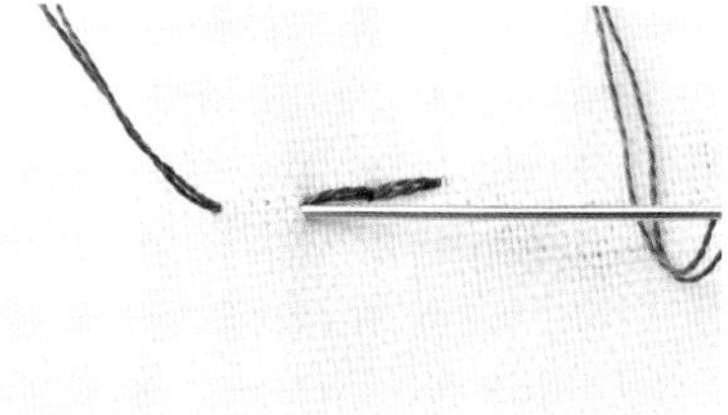

3

1目分戻って2目分先に針を出す、を繰り返します。

Stitch 4

チェーンステッチ

くさりがつながったようなループ状のステッチ。
車体などの広い面を埋めるときなどに使います。

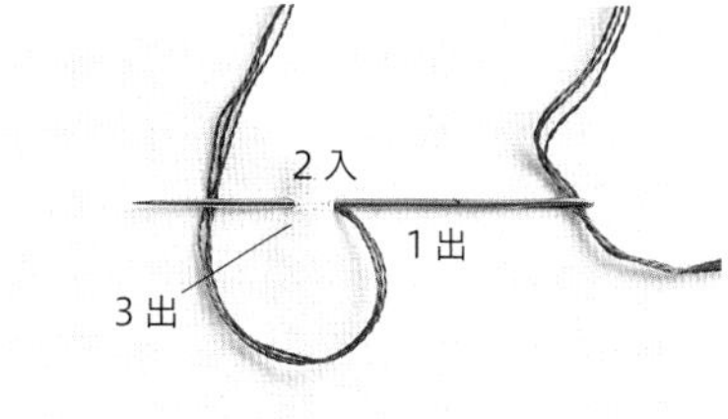

1

1から針を出し、糸が出ているところ（2）に針を入れ、1目分先のところ（3）に針を出し、針に糸をかけます。

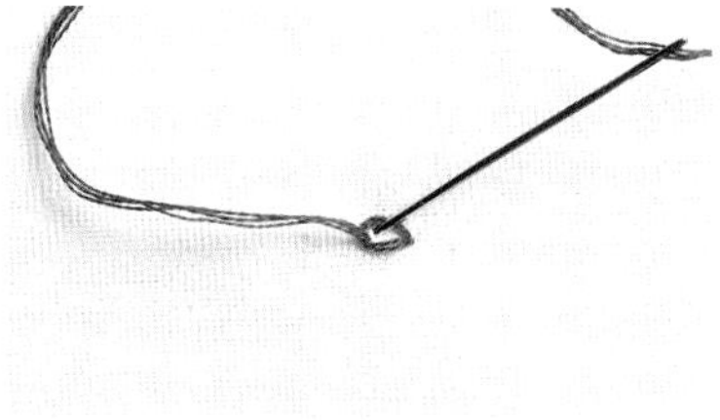

2

針を抜き、ゆっくり糸を引き締めます。

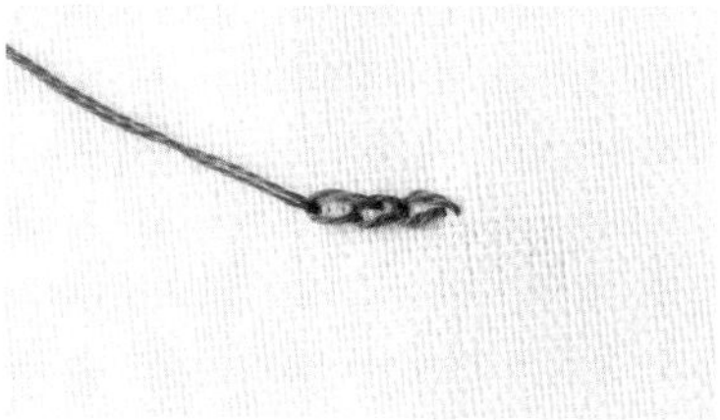

3

糸が出ているところに針を入れ、1目分先のところに針を出す、を繰り返します。

Stitch 5

レイジーデイジーステッチ

くさりのようなループ状のステッチ。
チェーンステッチのようにつなげず、
葉などを表現するときに使います。

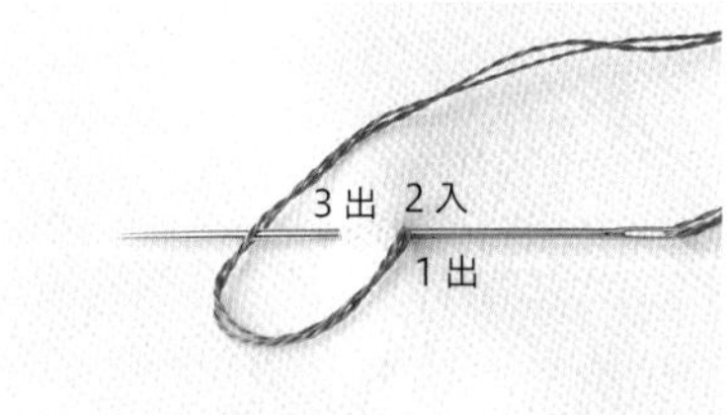

1

1から針を出し、糸が出ているところ（2）に針を入れ、1目分先のところ（3）に針を出し、針に糸をかけます。

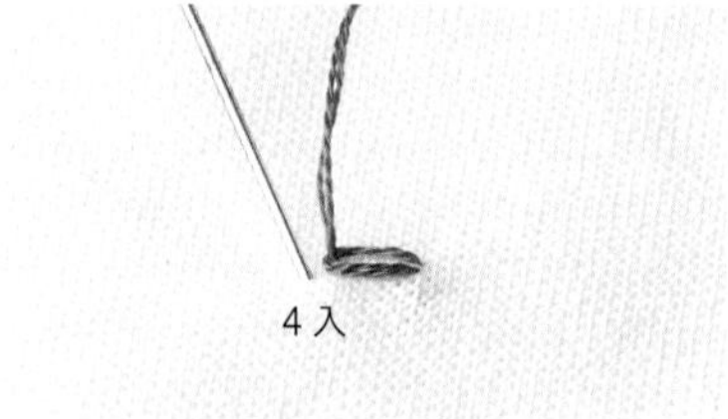

2

針を抜き、ゆっくり糸を引き締めます。（4）に針を入れ、ループをとめます。

3

糸が出ているところに針を入れ、1目分先のところに針を出し、ループの先に針を入れてループをとめる、を繰り返します。

Stitch 6

サテンステッチ

ストレートステッチを並べて刺すステッチ。
車の側面など、しっかり面を
埋めたいときに使います。

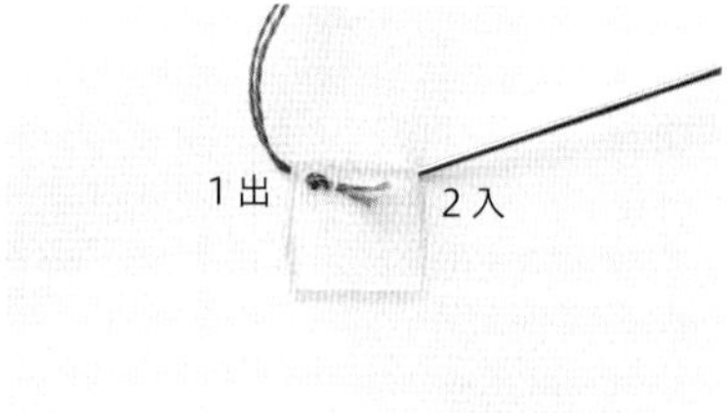

1

1から針を出し、図案の端（2）に針を入れます。

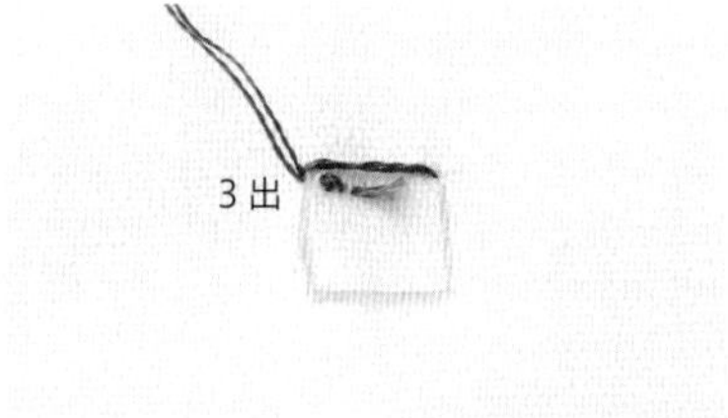

2

糸が出ているすぐ横（3）に針を出します。

3

糸を平行に渡すように、図案の端から端に続けて刺していきます。

Stitch 7

フレンチノットステッチ（3回巻き）

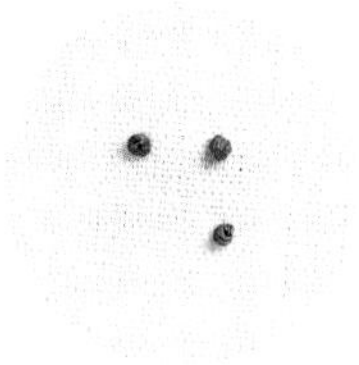

小さな点のステッチ。
小さな点にしたいときは、 巻き回数を1回か2回にましょう。

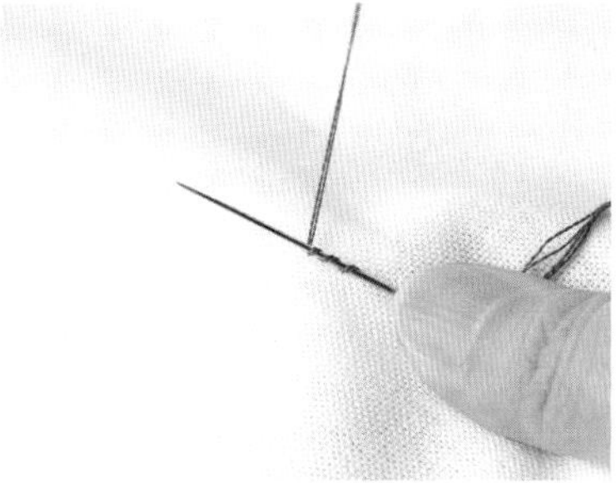

1
針先を回転させ、糸を3回巻きつけます。

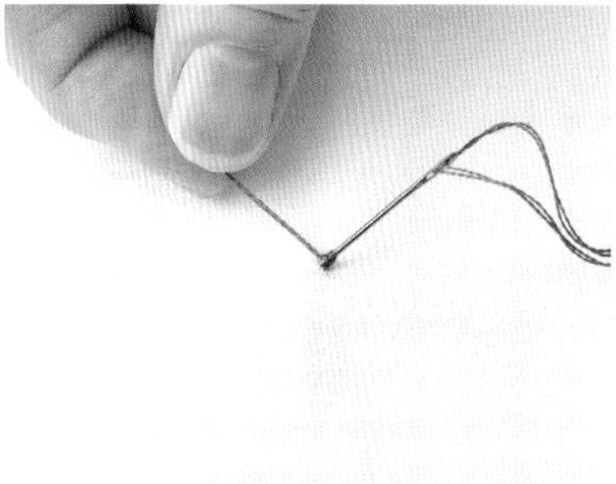

2
刺し始めの近くに針を刺します。

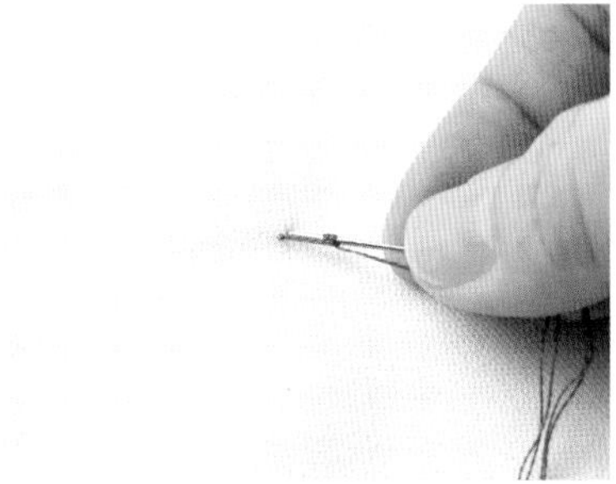

3
針に巻いた糸を引き締めます。

4
針を裏側へ引き抜きます。

「はたらく車」

刺しゅう図案集

＜図案の見方＞

●掲載の図案はすべて実物大です。

●本書で使用している刺しゅう糸はすべてDMC25番です。

●図案に表示しているのは、糸の色番号、ステッチ名、( )の数字は糸の本数になります。

●アウトラインステッチは、チェーンステッチなどと同じように太さのある部分は何段か重ね、細いラインは1段にして､段数で太さを調節しています。

●図案内の矢印（↕）は、写真では見えにくいサテンステッチ（広い面）の糸の方向を示しています。

※一部のわかりにくい図案には表示あり。

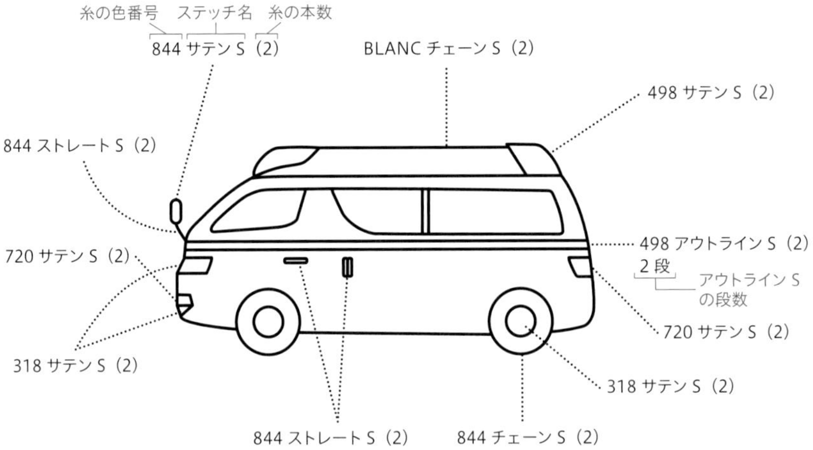

01 | **救急車**

きゅうきゅうしゃ

→ p.5

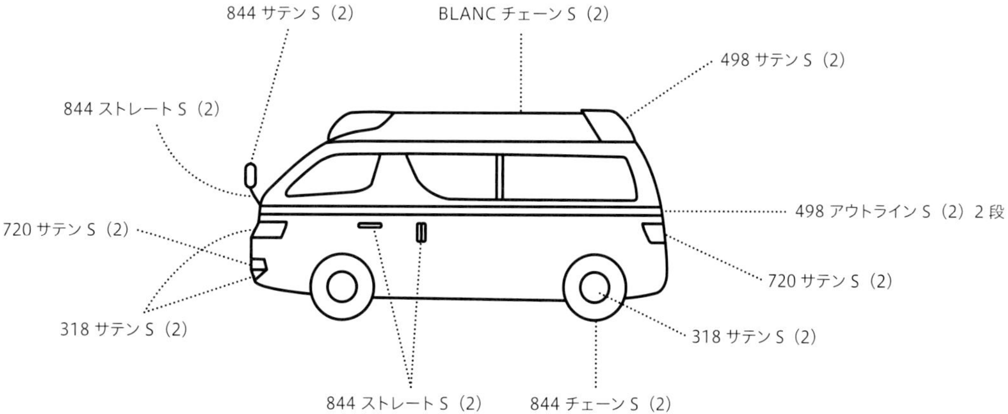

03 救助車

きゅうじょしゃ

→ p.8

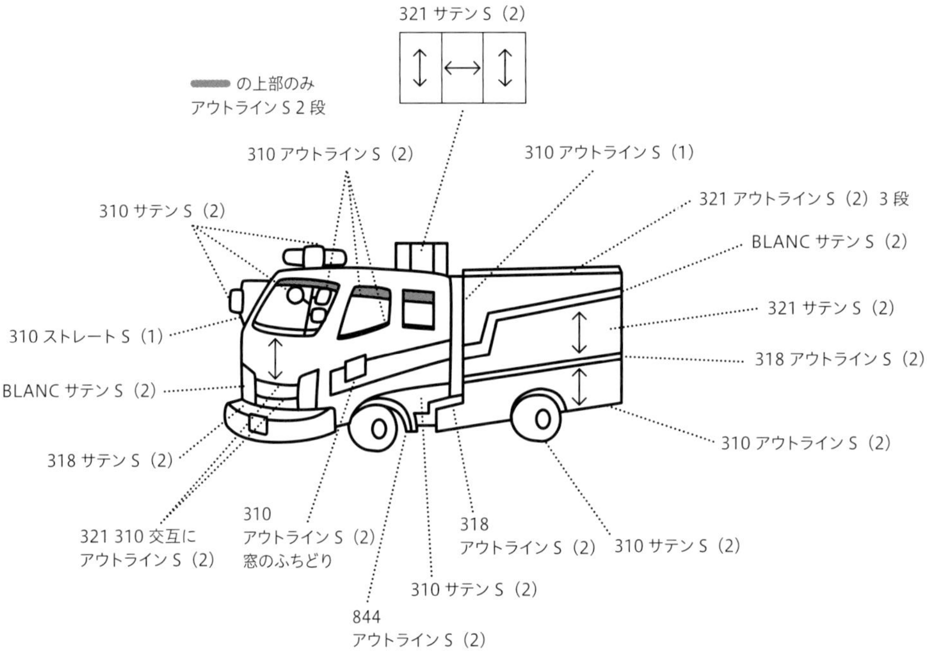

02 警らパトカー

けいらぱとかー

→ p.6

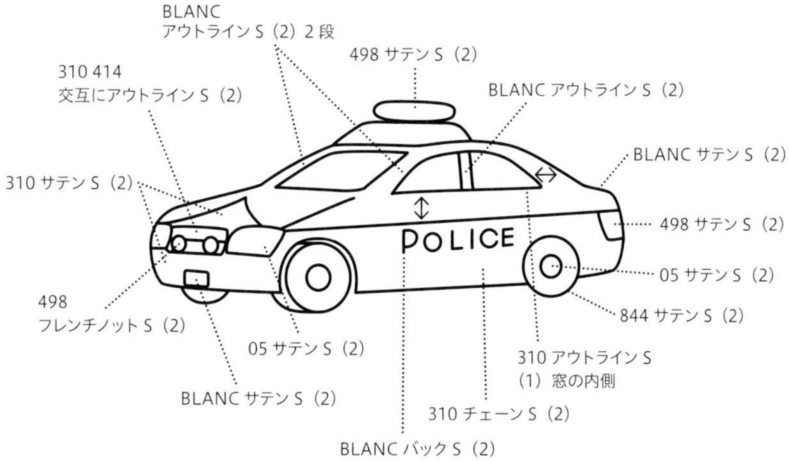

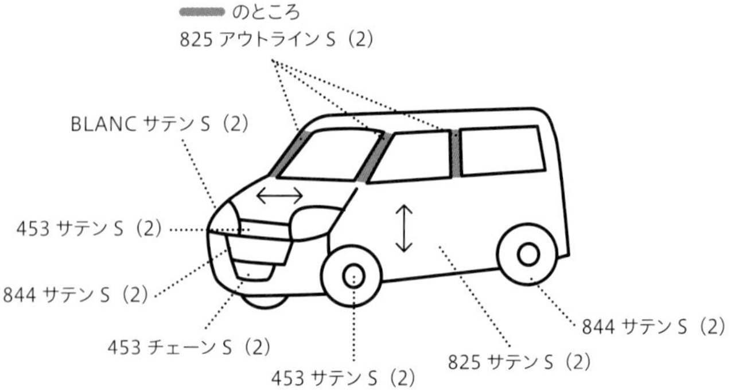
のところ
825 アウトライン S（2）
BLANC サテン S（2）
453 サテン S（2）
844 サテン S（2）
453 チェーン S（2）
453 サテン S（2）
825 サテン S（2）
844 サテン S（2）

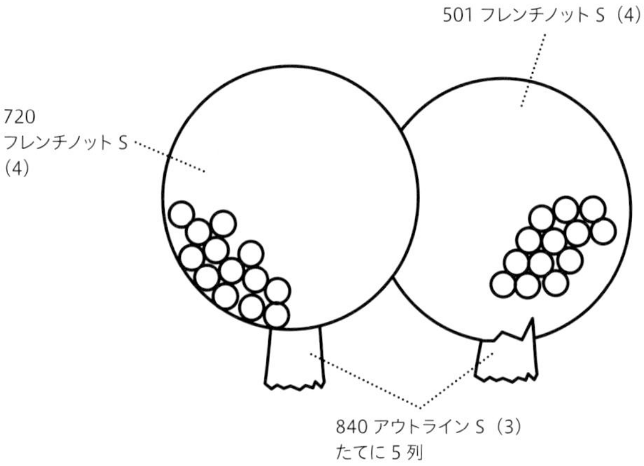
501 フレンチノット S（4）
720
フレンチノット S
（4）
840 アウトライン S（3）
たてに 5 列

04 スーパーアンビュランス

すーぱーあんびゅらんす

→ p.9

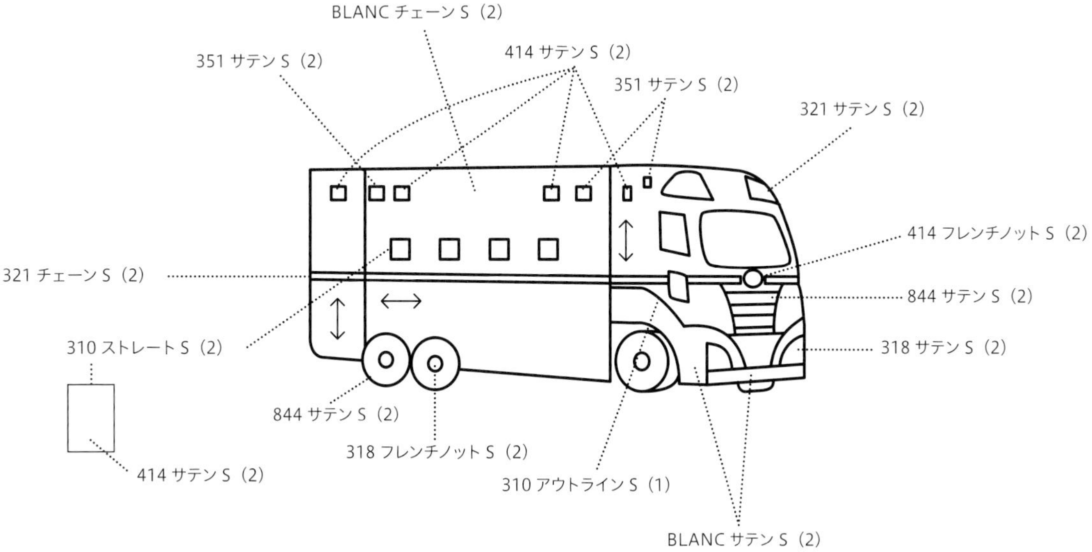

05 消防ポンプ車

しょうぼうぽんぷしゃ

→ p.10

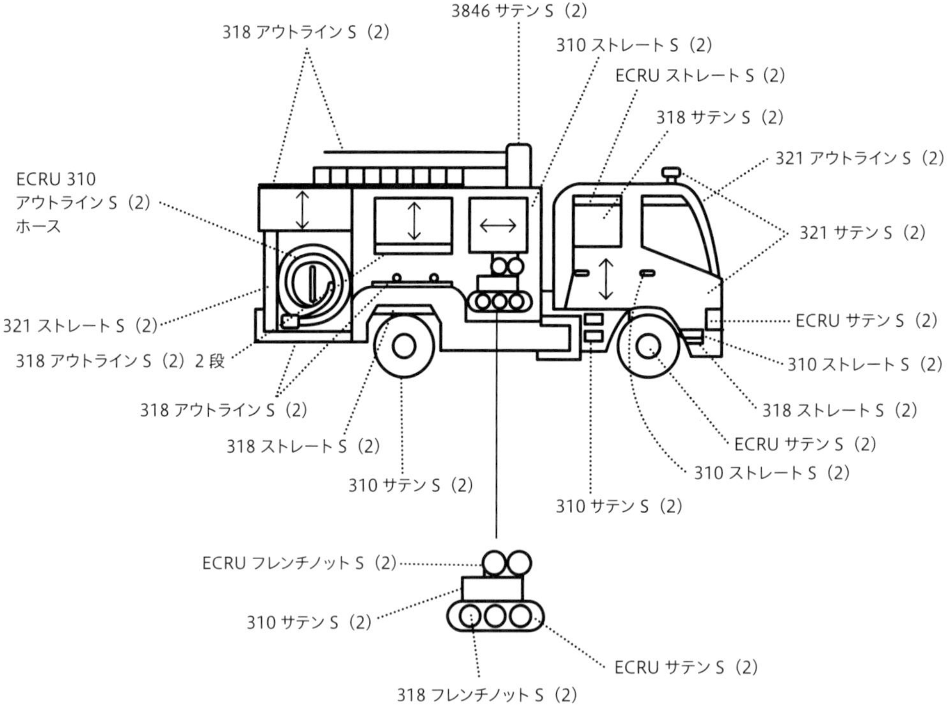

06 はしご車
はしごしゃ

→ p.11

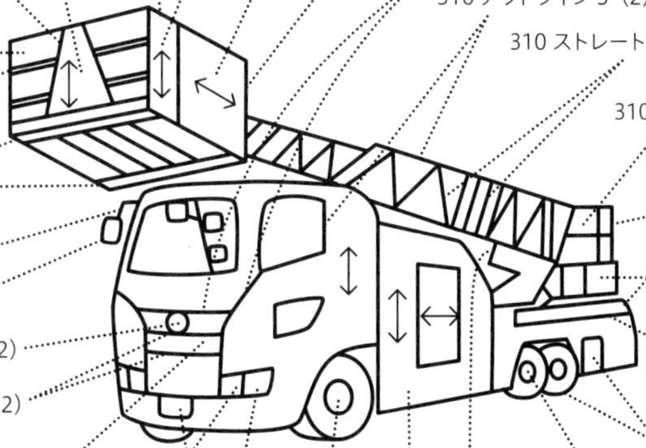

07 路線バス

ろせんばす

→ p.13

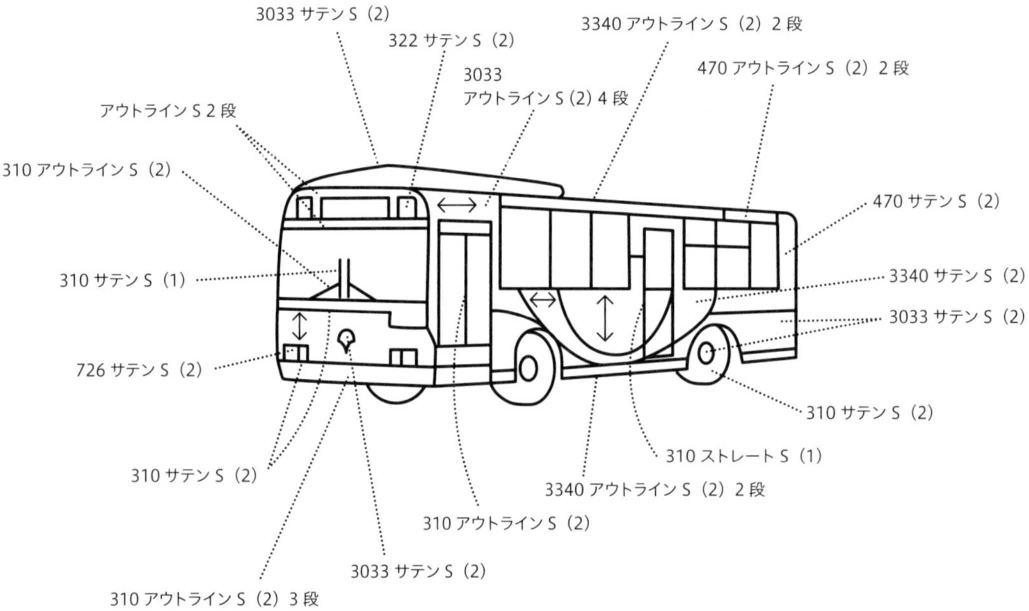

08 幼稚園バス

ようちえんばす

→ p.14

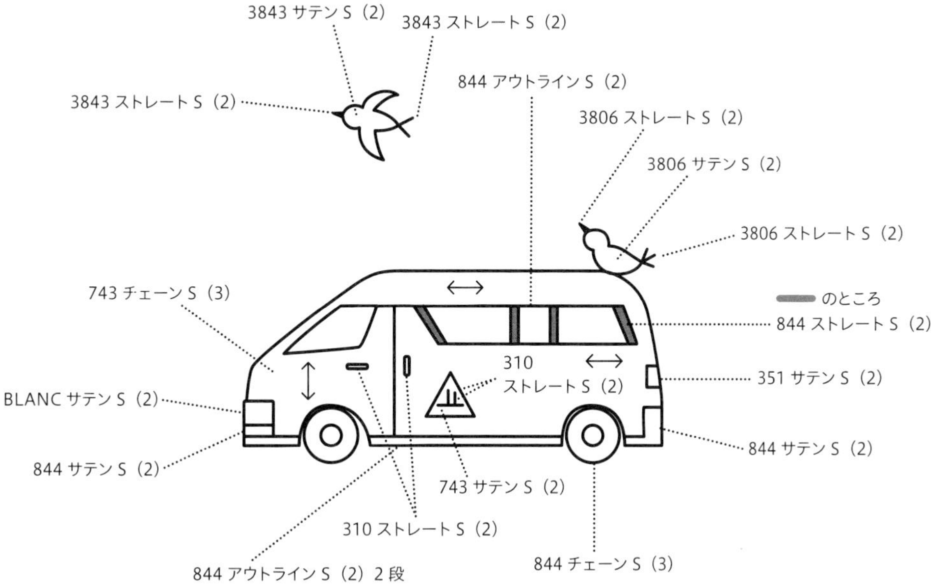

09 タクシー

たくしー

→ p.15

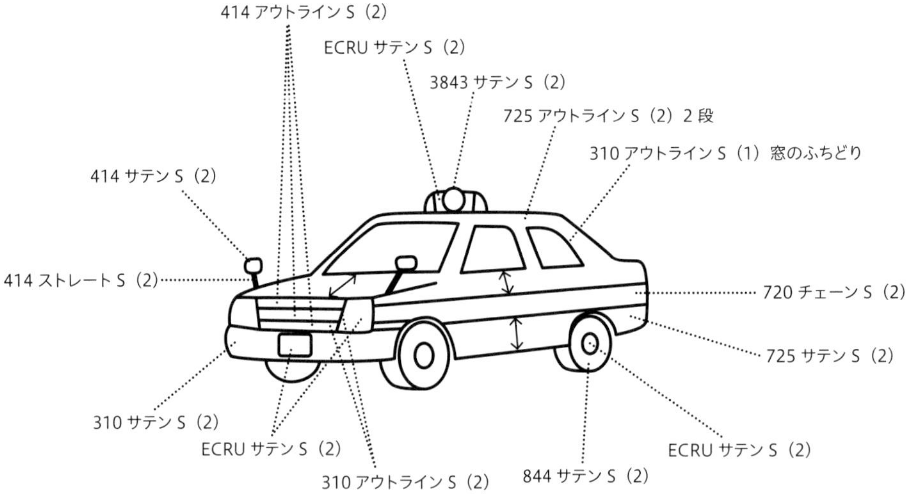

10 大型トラック

おおがたとらっく

→ p.16

指定の色番号以外は
すべて 838

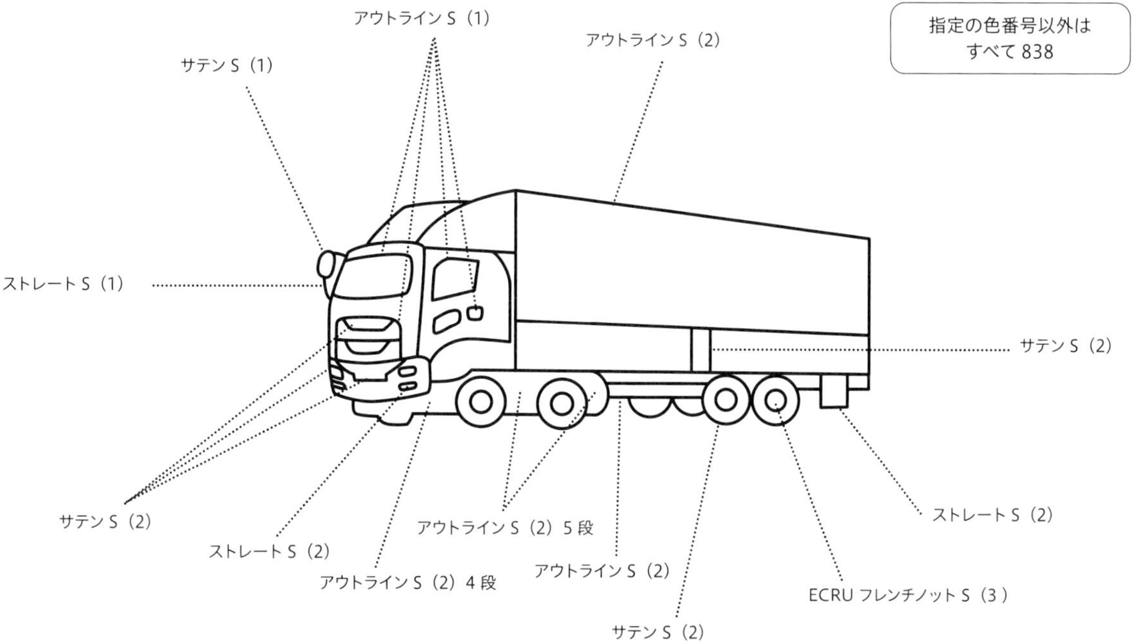

11 小型トラック

こがたとらっく

→ p.17

指定の色番号以外は
すべて 930

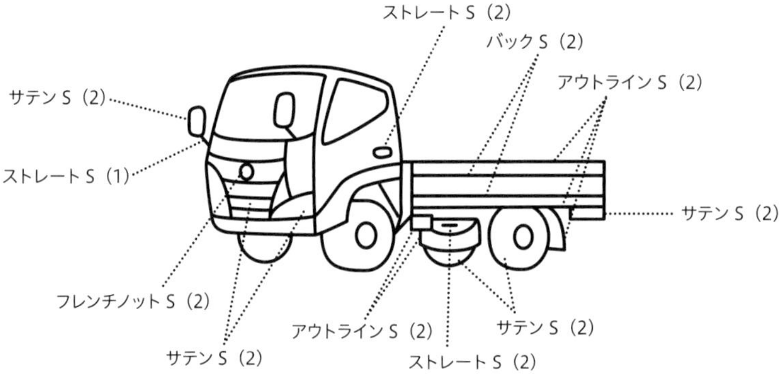

12 レッカー車

れっかーしゃ

→ p.18

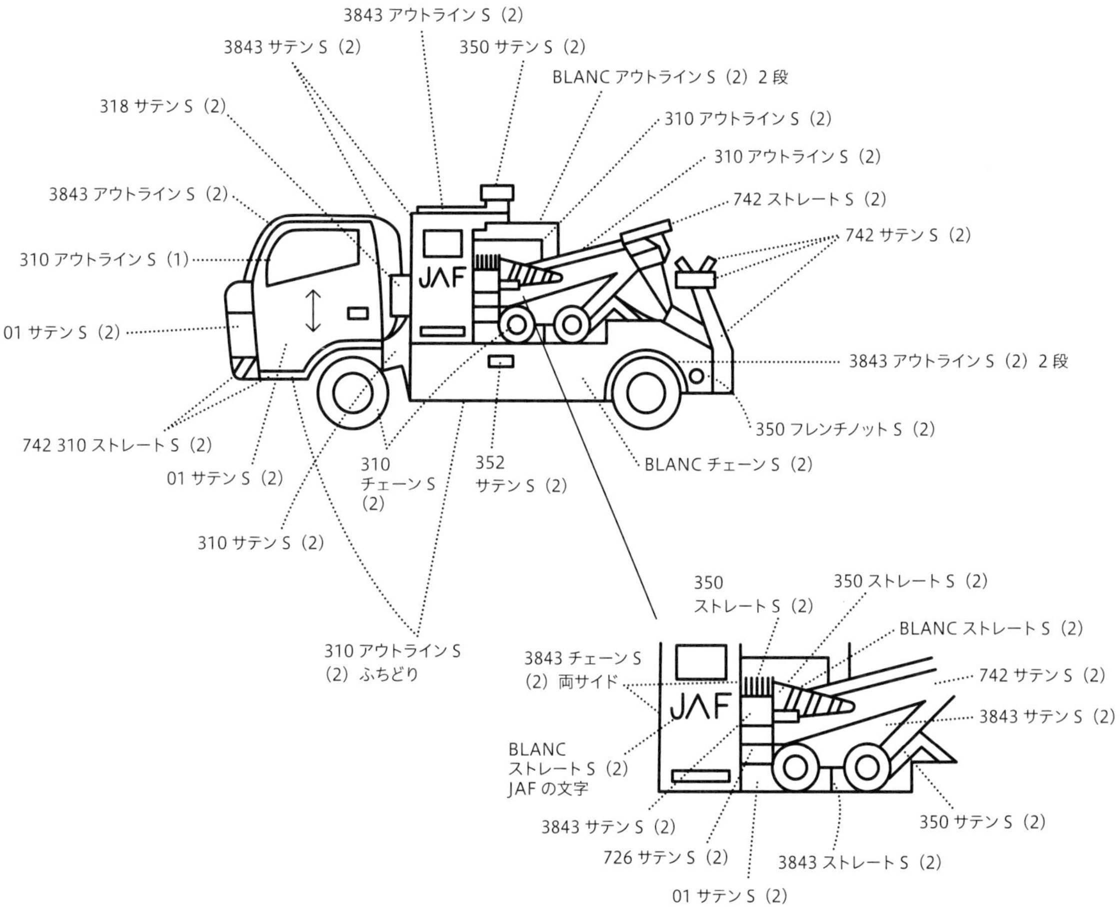

13 郵便車

ゆうびんしゃ

→ p.19

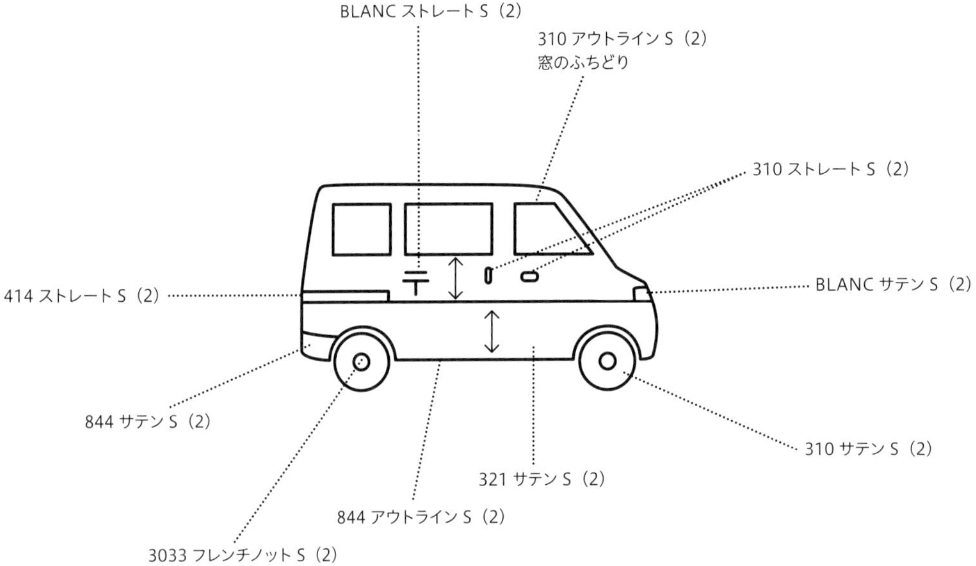

14 コンクリートミキサー車
こんくりーとみきさーしゃ

→ p.22

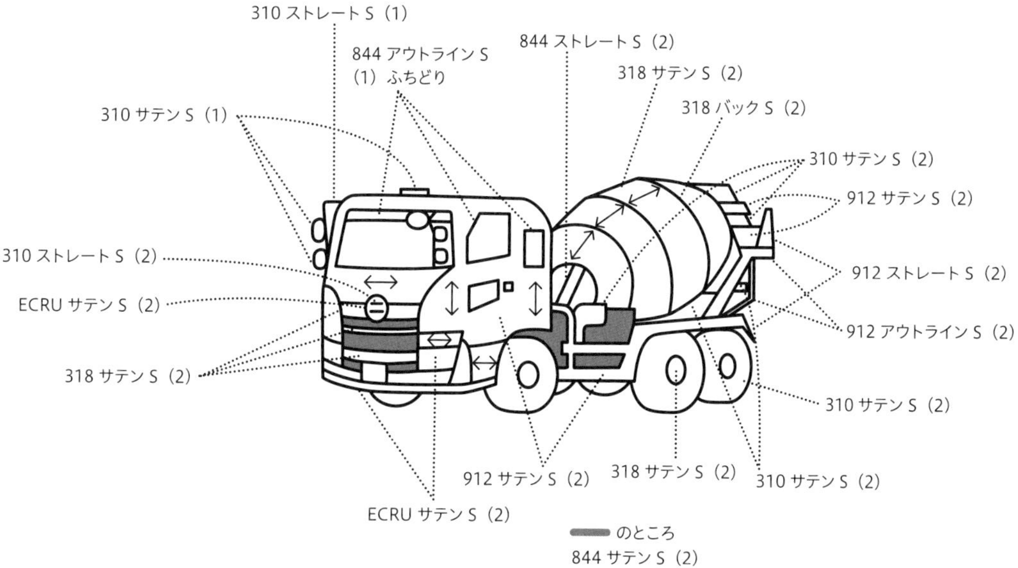

15 タンクローリー

たんくろーりー

→ p.23

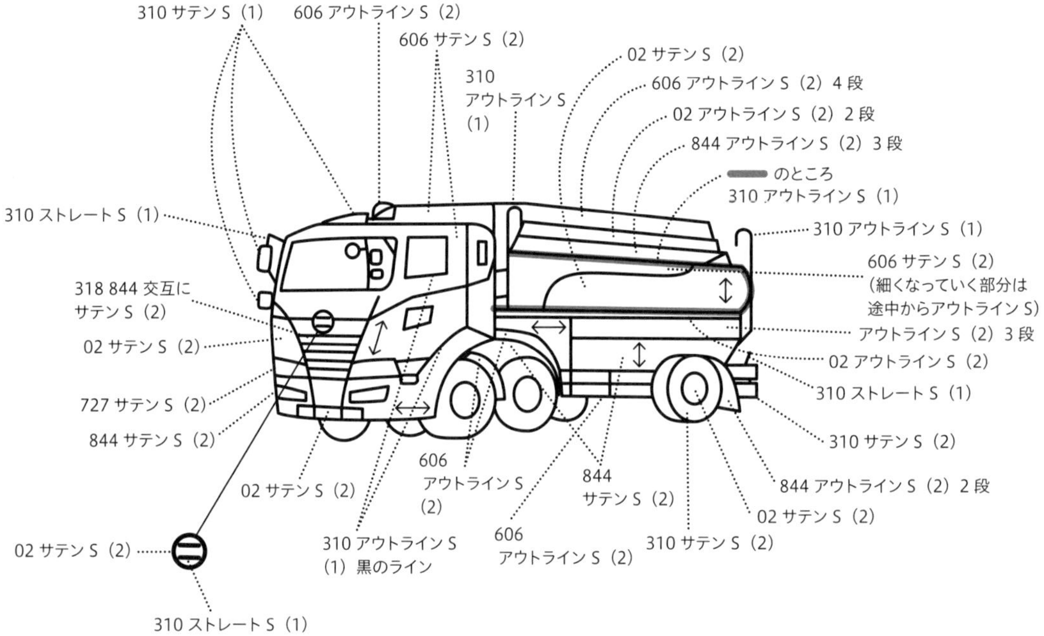

16 キャリアカー

きゃりあかー

→ p.24

指定の色番号以外は
すべて336

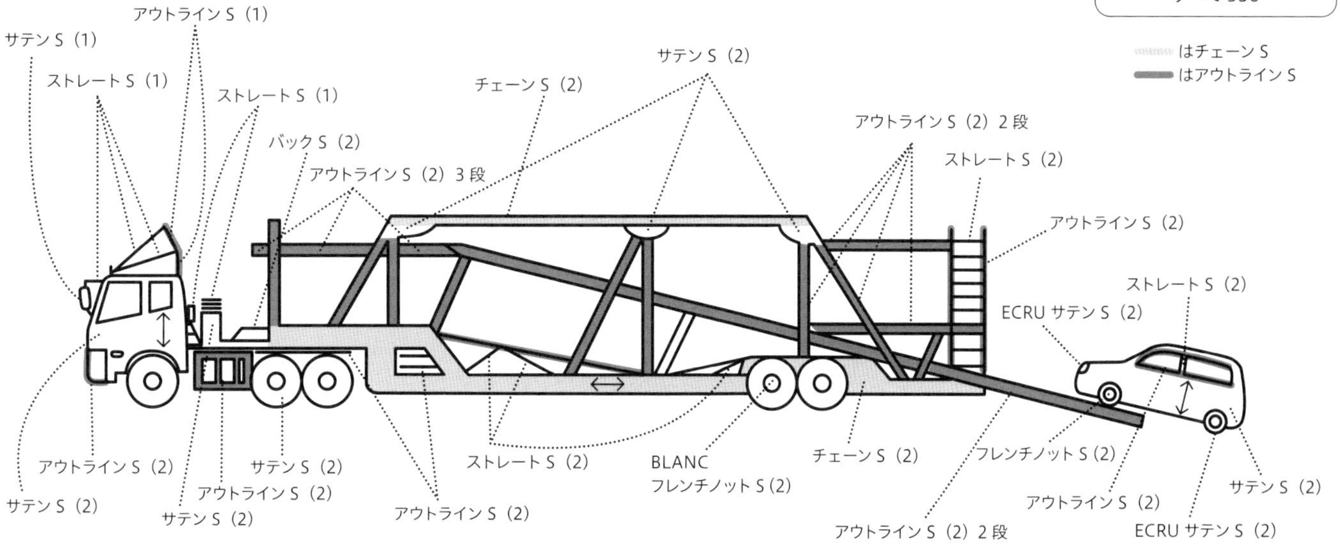

指定の色番号以外は
すべて 336

はアウトライン S

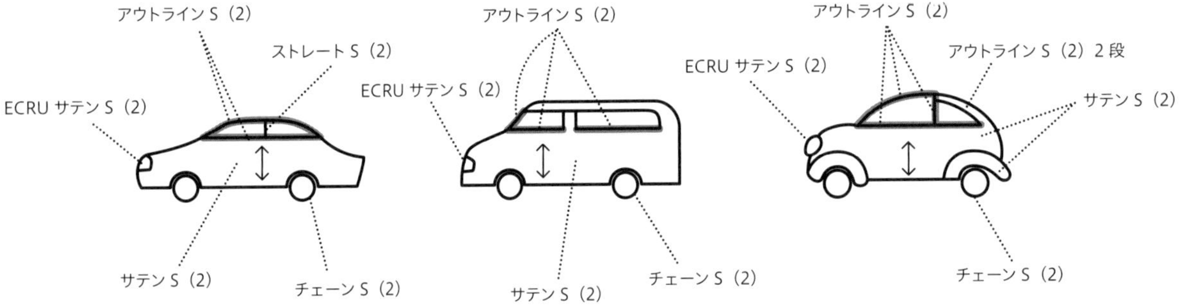

17 ゴミ収集車

ごみしゅうしゅうしゃ

→ p.26

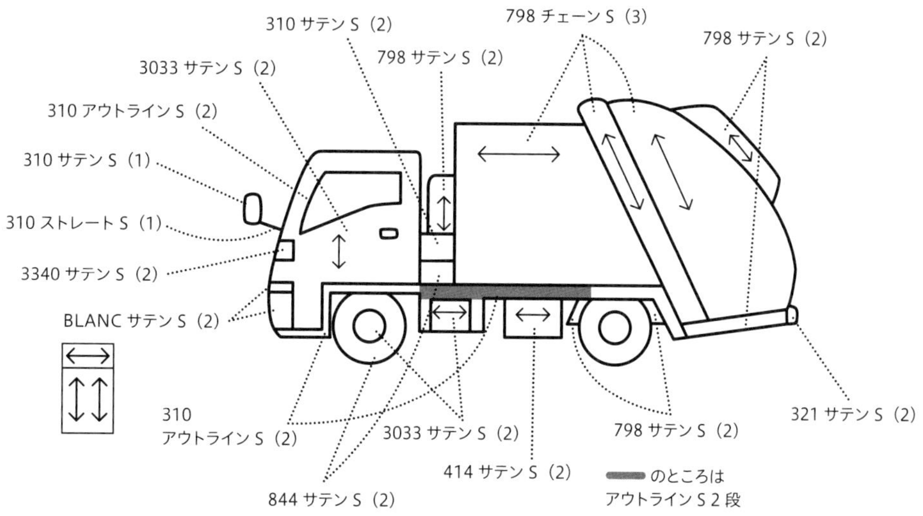

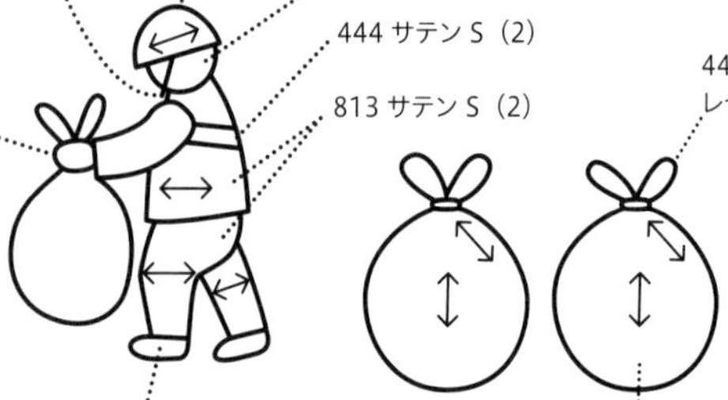
844 ストレート S（2）
ヘルメットのひも
3033 サテン S（2）
3820 サテン S（2）
444 サテン S（2）
796 サテン S（2）
813 サテン S（2）
444
レゼーデージー S(2)
844 サテン S（2）
444 サテン S（2）

905 レゼーデージー S（3）
779 アウトライン S（2）
たてに 4 列
上にいくにしたがって
へらして上部は 1 列

18 路面清掃車

ろめんせいそうしゃ

→ p.28

色番号はすべて 824

ステッチは指定以外アウトライン S（2）

▬ はアウトライン S を重ねる

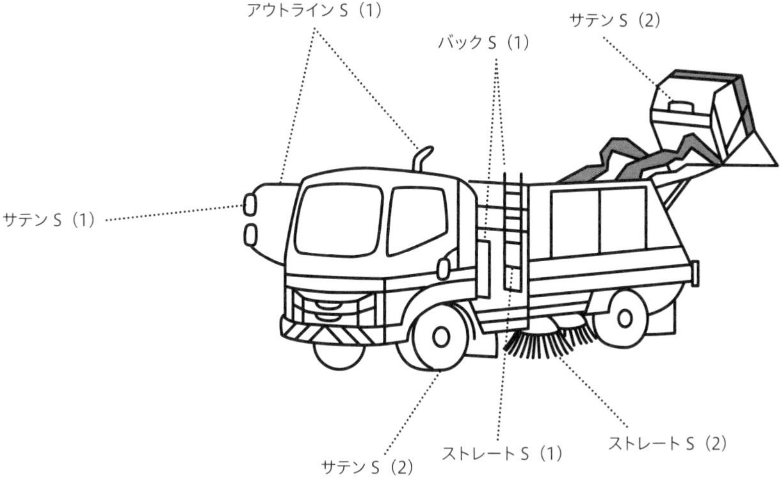

19 高所作業車
こうしょさぎょうしゃ

→ p.29

色番号はすべて 336

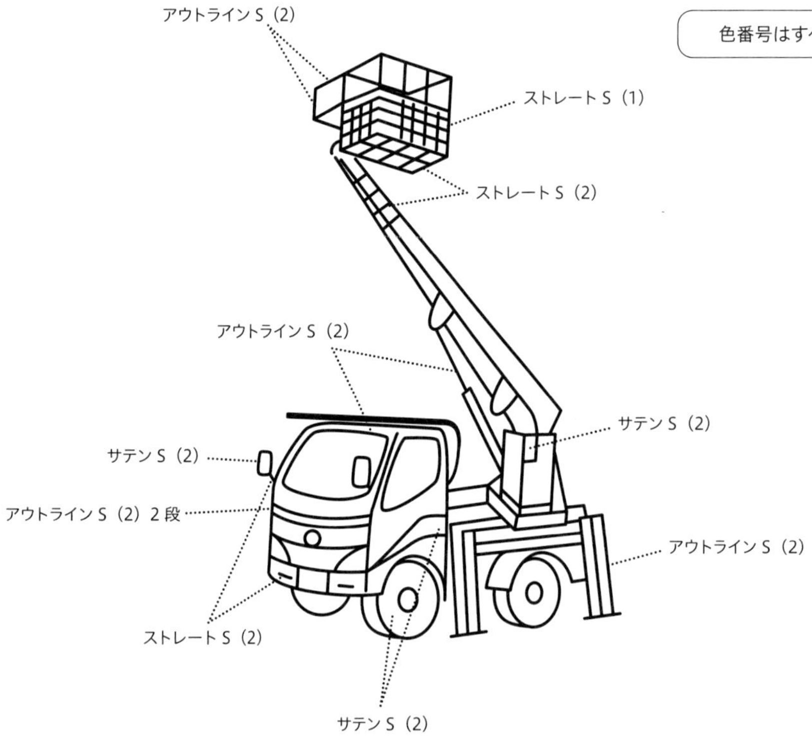

20 標識車《ひょうしきしゃ》

→ p.30

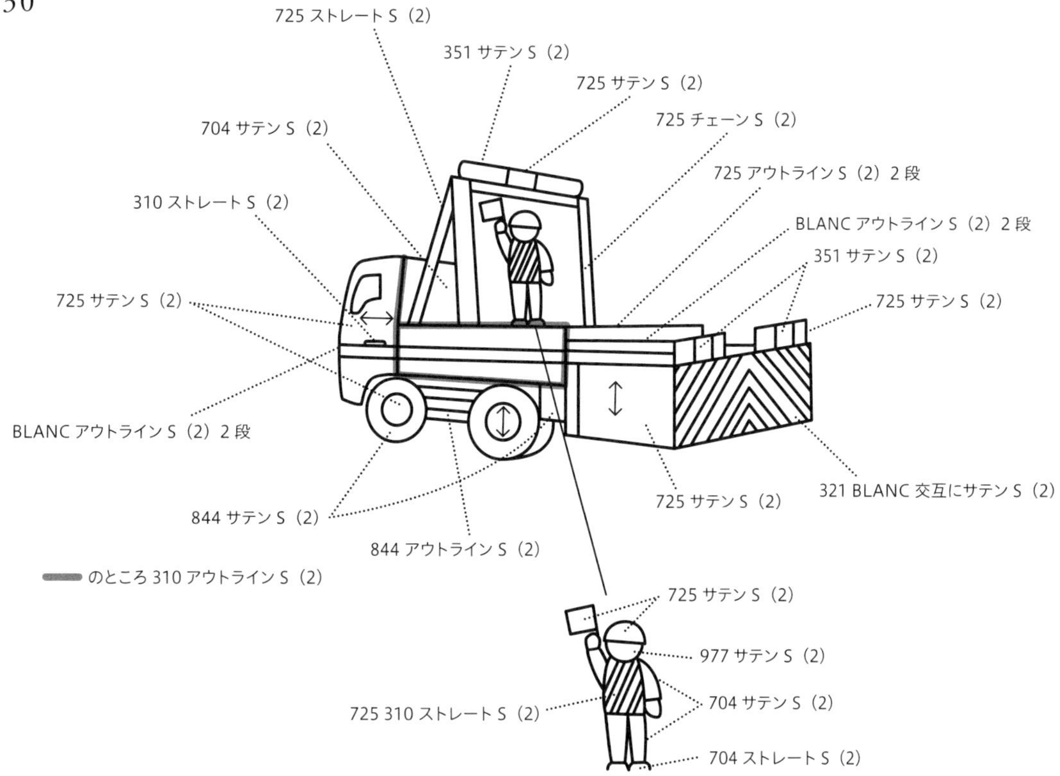

21 道路パトロールカー

どうろぱとろーるかー

→ p.31

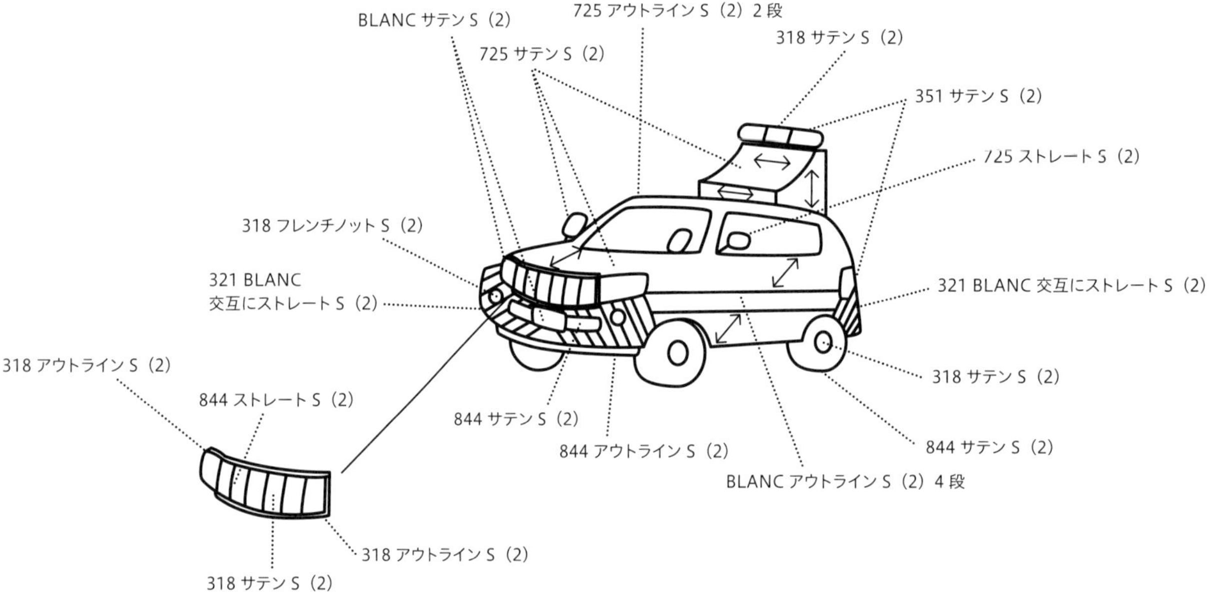

22　フォークリフト

ふぉーくりふと

→ p.32

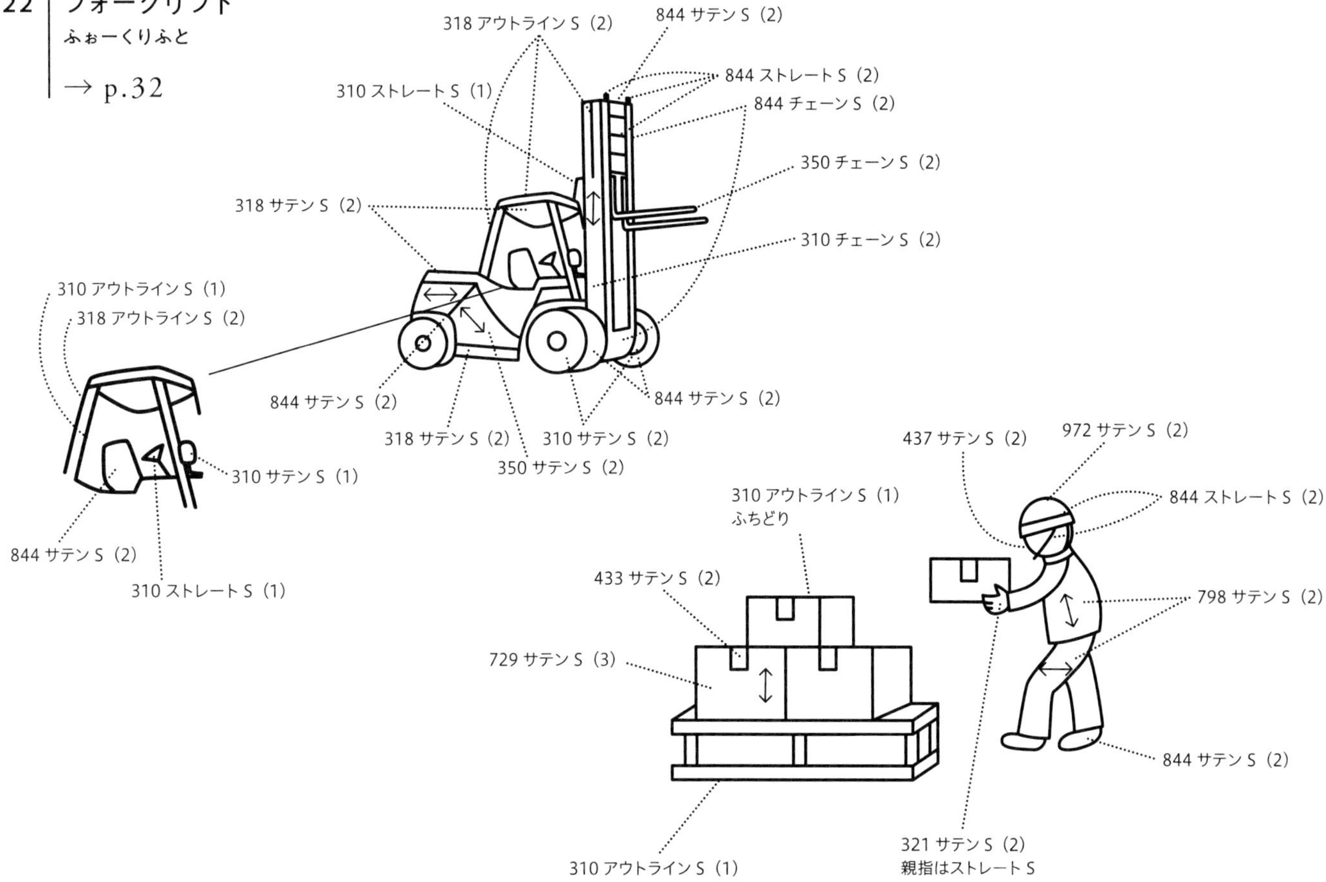

23 除雪車

じょせつしゃ

→ p.34

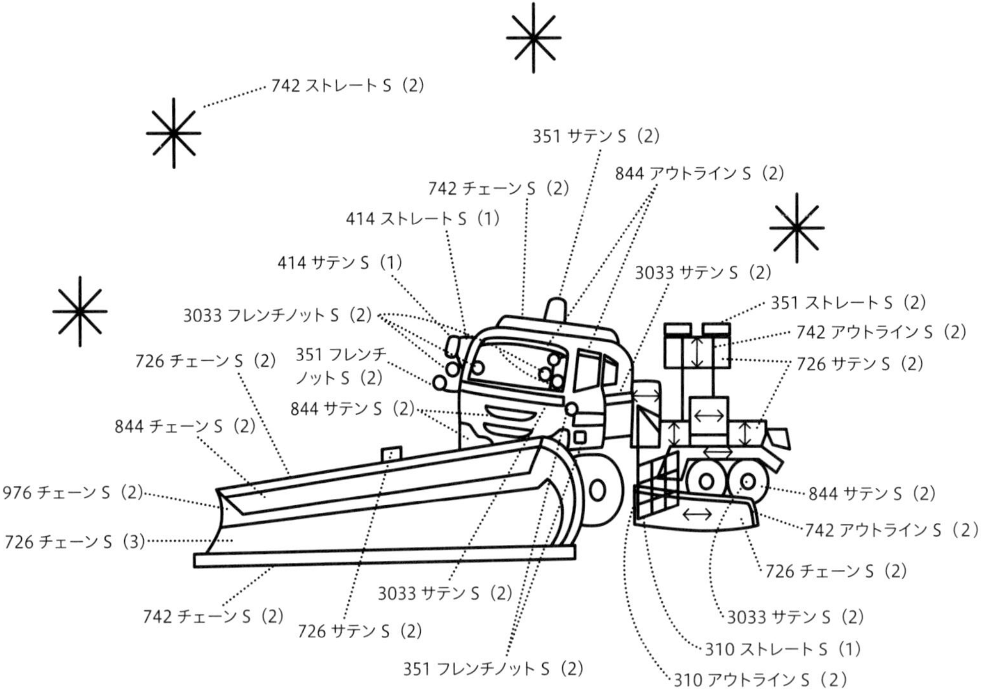

24 散水車

さんすいしゃ

→ p.35

指定の色番号以外は
すべて 796

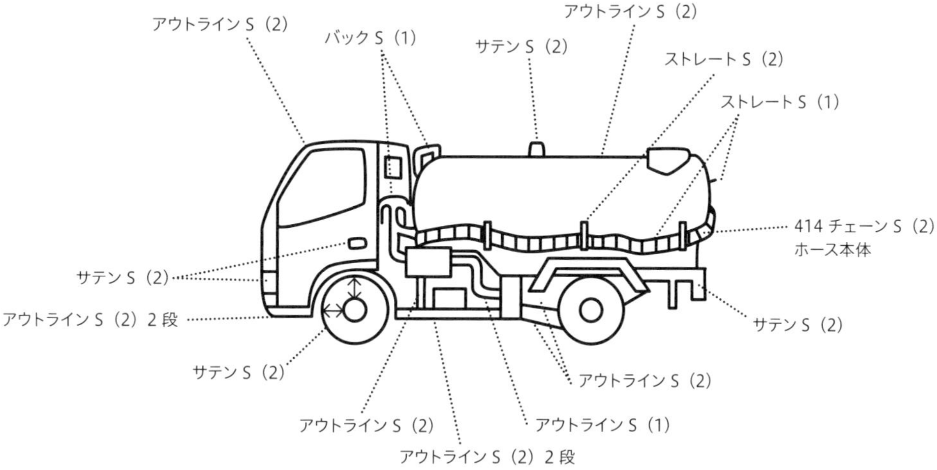

25 ブルドーザー

ぶるどーざー

→ p.39

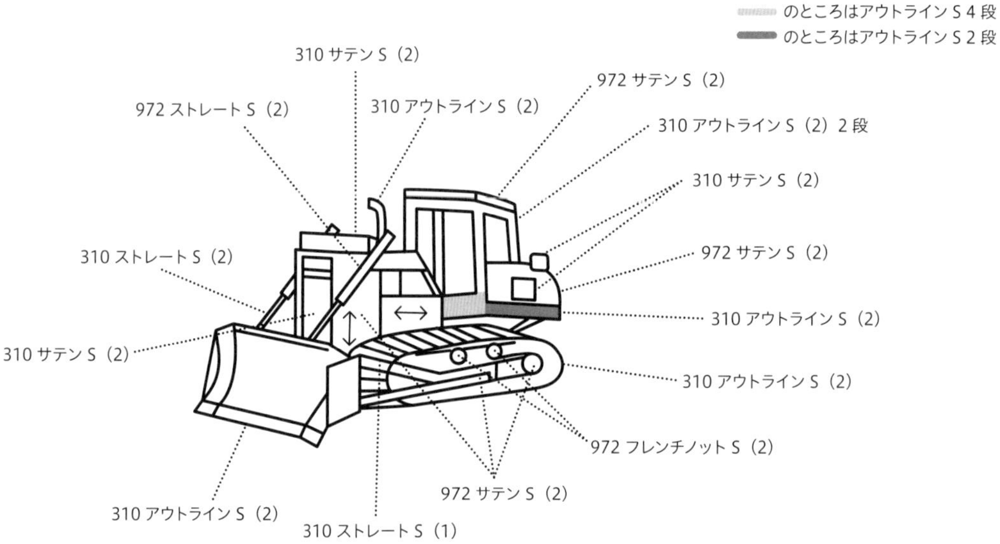

26 ホイールローダー

ほいーるろーだー

→ p.42

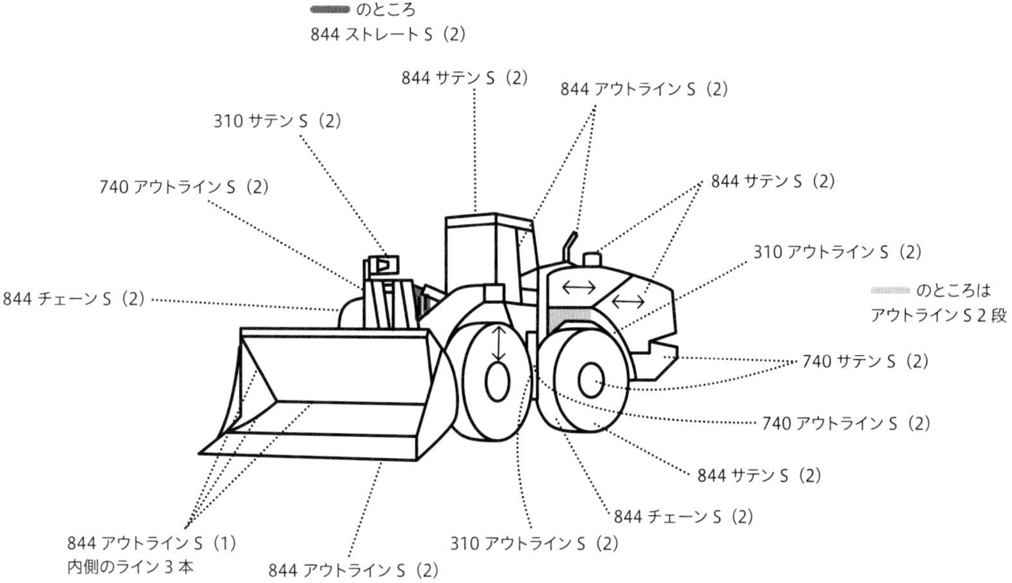

27 ショベルカー

しょべるかー

→ p.43、p.44

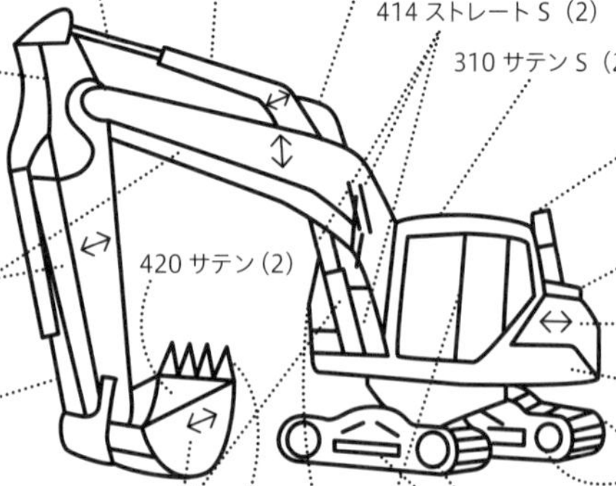

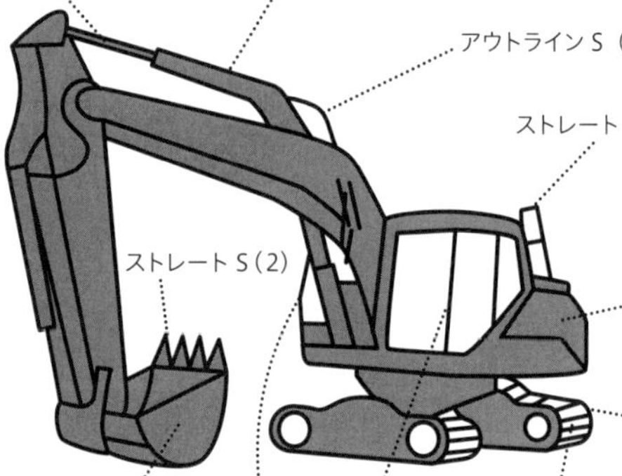

28 双腕重機
そうわんじゅうき

→ p.45

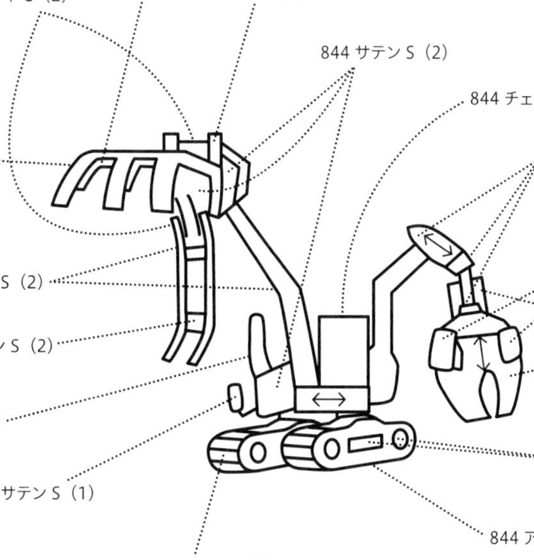

29 ダンプカー

だんぷかー

→ p.46

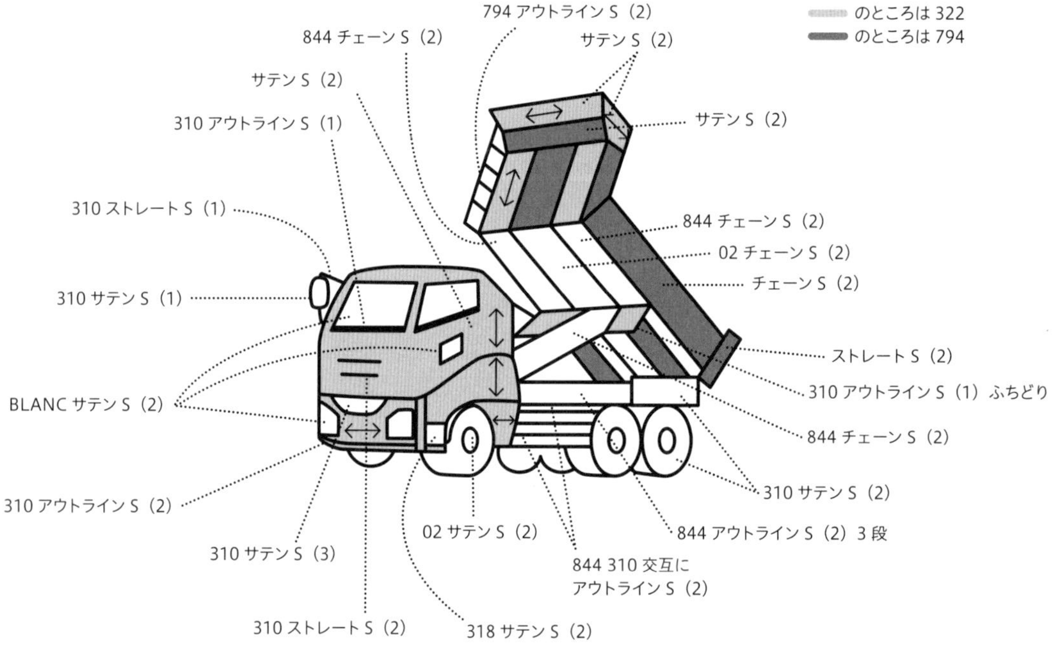

30 リジッドダンプトラック

りじっどだんぷとらっく

→ p.47

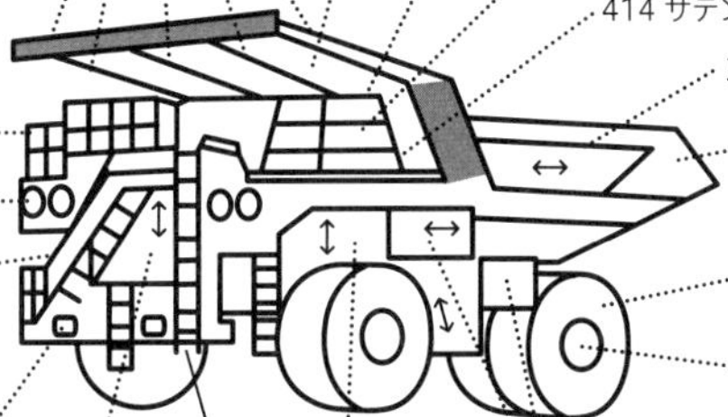

31 クレーン車

くれーんしゃ

→ p.48

指定の色番号以外は
すべて 310

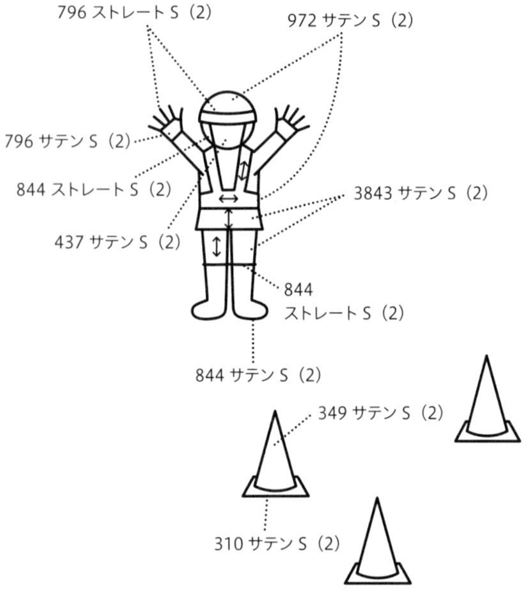

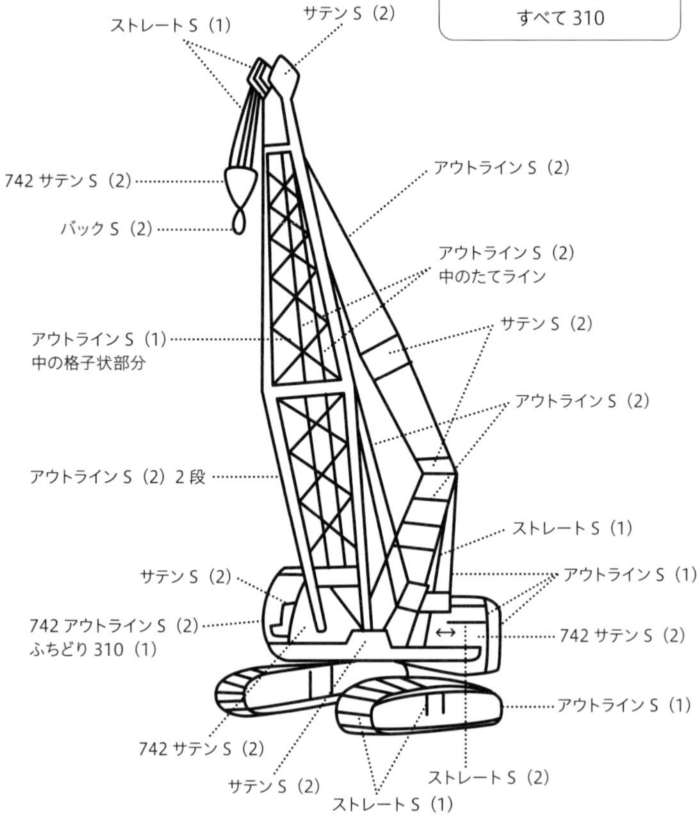

32 マカダムローラー

まかだむろーらー

→ p.50

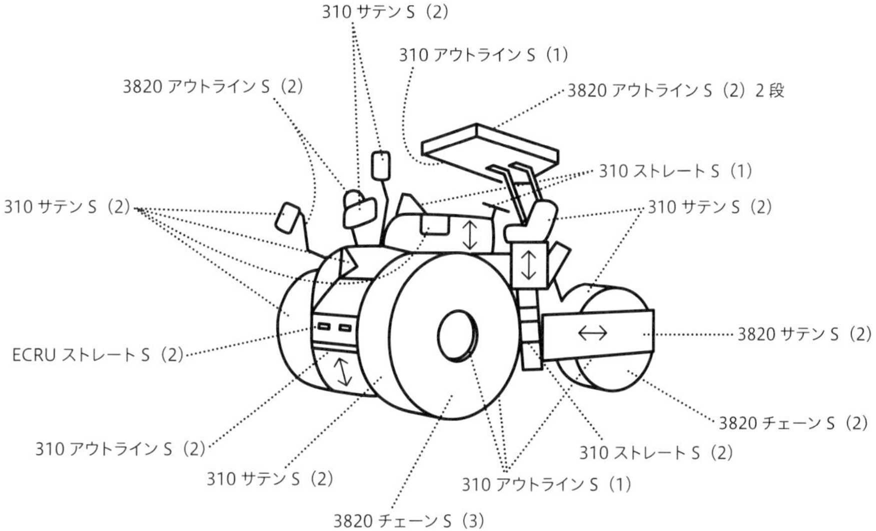

33 ロードローラー

ろーどろーらー

→ p.51

指定の色番号以外は
黄 725

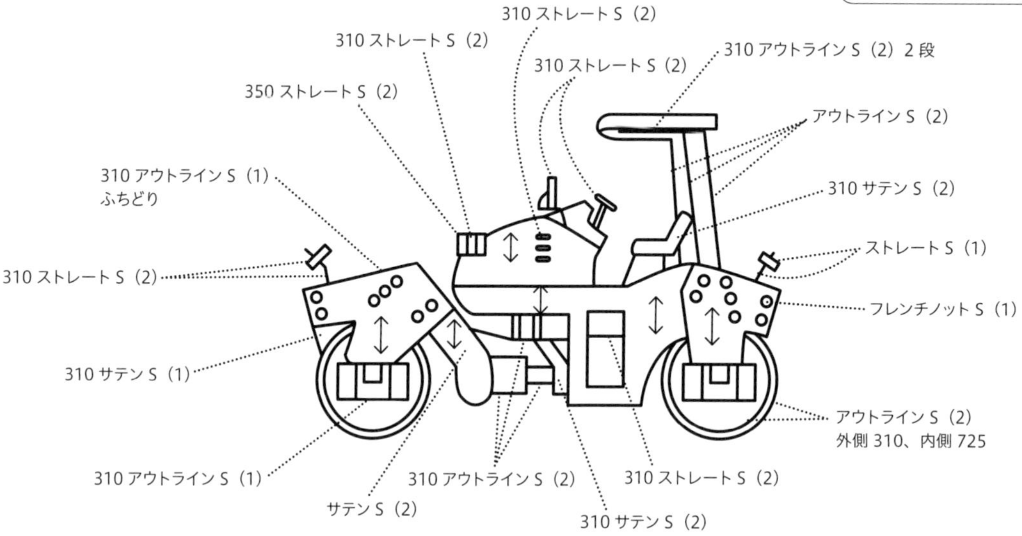

Staff

編集	武智美恵
デザイン	飯淵典子
撮影	サカモトタカシ、 福島陽太
進行	古池日香留
トレース	小池百合穂
制作協力	中嶋絵里

素材提供

ディー・エム・シー株式会社
https://www.dmc.com/jp/　03-5296-7831

写真提供

いすゞ自動車株式会社
株式会社加藤製作所
株式会社カネコ・コーポレーション
株式会社豊田自動織機 トヨタL&Fカンパニー
極東開発工業株式会社
警視庁
酒井重工業株式会社
JAF（一般社団法人日本自動車連盟）
住友建機株式会社
東京消防庁
名古屋電機工業株式会社
日本郵便株式会社
NEXCO 東日本（東日本高速道路株式会社）
日立建機株式会社
日野自動車株式会社
豊和工業株式会社

7つのステッチでつくる 頼《たよ》れるくるまの図《ず》案集《あんしゅう》

はたらく車《くるま》の
刺《し》しゅう

2021年11月19日　発　行　　NDC 594

著　　者	ささきみえこ
発 行 者	小川雄一
発 行 所	株式会社 誠文堂新光社
	〒113-0033 東京都文京区本郷 3-3-11
	電話 03-5800-5780
	https://www.seibundo-shinkosha.net/
印刷・製本	株式会社 大熊整美堂

©Mieko Sasaki.2021　　Printed in Japan

本書掲載記事の無断転用を禁じます。

落丁本・乱丁本の場合はお取り替えいたします。

本書の内容に関するお問い合わせは、小社ホームページのお問い合わせフォームをご利用いただくか、上記までお電話ください。

本書に掲載された記事の著作権は著者に帰属します。 これらを無断で使用し、 展示・販売・レンタル・講習会等を行うことを禁じます。

JCOPY <(一社) 出版者著作権管理機構 委託出版物>
本書を無断で複製複写（コピー）することは、著作権法上での例外を除き、禁じられています。本書をコピーされる場合は、 そのつど事前に、（一社）出版者著作権管理機構（電話 03-5244-5088 ／ FAX 03-5244-5089 ／ e-mail：info@jcopy.or.jp）の許諾を得てください。

ISBN978-4-416-62117-2

JN010809